초6의
독서는
달라야합니다

일러두기

1. 이 책은 국립국어원과 우리말샘에 등재된 맞춤법을 따랐습니다.
2. 이 책의 1장 '책으로 크는 아이들'의 장제목은 《책으로 크는 아이들》(백화현, 우리교육, 2010)에서 인용했으며 저작권 허락을 받았습니다.
3. 이 책에 등장하는 어린이는 모두 가명이며 특정 상황을 각색하여 옮겼습니다.

초6의 독서는 달라야 합니다

전영신 지음

서 사 원

책을 싫어하는 아이란 있을 수 없다.
단지 좋은 책을 발견하지 못한 아이들만 있을 뿐이다.

프랭크 세라피니Frank Serafini

프롤로그

저는 어린이와 책을 사랑합니다. 제가 사랑하는 두 대상을 연결하기 위해 많은 궁리를 했어요. 그러다 보니 어린이 책에 푹 빠지게 되었습니다. 처음부터 그런 건 아니었어요. 책 읽으라며 잔소리하지 않아도 제 손에 어린이 책이 들려 있으면 아이들이 먼저 다가왔습니다. 함께 읽으니 더 재미있었고, 책 밖에서도 우리의 이야기는 흘러넘쳤어요.

초등학교에서 어린이들을 들여다보면 일 년 사이에도 참 많이 달라집니다. 보통 저학년, 중학년, 고학년으로 묶어서 나뉘는데요, 같은 고학년이라도 5학년과 6학년은 또 다릅니다. 6학년 아이를 대할 때 가장 중요한 건 '마음 열기'예요. 싫다는 아이 끌어다 앉히고 입을 꾹 다문 아이가 말을 쏟아 내게 하는 건 강제로 되지 않습니다. 달래도 보고 기다려도 보지만 마음이 열리지 않으면 결국 아이도 어른도 상처투성이가 됩니다.

책으로 치유하고 싶었어요. 지식책을 파고들며 함께 공부하는 것이 아니라, 따뜻한 이야기책을 나누며 아이도 어른도 안아 주고 싶었습니다. 저학년까지는 책을 함께 고르고 읽어 주는 부모가 많아요. 하지만 고학년이 될수록 영어, 수학을 선행하느라, 사춘기를 맞은 아이와 감정싸움을 하느라 책은 밀려납니다. 책을 읽으라고 강요하는 어른은 많은데 함께 읽어 주는 어른이 부족해요.

5~9장에는 아이와 함께 읽고 이야기할 만한 이야기책 25권을 담았습니다. 수많은 이야기책 가운데 이 책들을 뽑은 기준은 두 가지입니다. 우선, 10년 뒤에도 제가 교실에서 6학년 아이들과 함께 읽고 있을 책들입니다. 지금 당장은 재미있고 아이들의 시선을 끈다 해도 시간이 지나면 식상해지거나 공감하기 어려울 책은 넣지 않았어요. 즉 변치 않을 가치를 담은 책만 골랐습니다. 또 하나, 딸아이가 6학년이 되면 엄마로서 같이 읽고 이야기 나눌 책들입니다. 책이 들려주는 이야기에 기대어 잘 자라 주길 바라면서요. 책을 통해 자신을 단단히

세우고, 주변 사람들을 따뜻이 보듬으며, 가족의 의미를 되새기길 소원하는 마음으로 고른 책들입니다.

책을 내기로 결정한 후 25권의 책을 모두 다시 읽었습니다. 다시 읽으니 더 좋은 책들이 많았어요. 눈물이 날 만큼 좋았습니다. 이렇게 좋은 책들이 보다 많은 6학년 어린이와 엄마들에게 가닿으면 좋겠습니다. 얼어붙은 아이의 마음을 촉촉이 적셔 주기를, 아이 눈치 보느라 힘겨운 엄마들 마음도 녹여 주기를 진심으로 바랍니다.

5~9장의 글을 쓰면서 마음속에 세 가지 목표를 세웠습니다. 글을 읽으면 그 책이 너무나 궁금해지게 하는 것. 어쨌든 제 바람은 어린이들이 좋은 책에 흠뻑 빠지는 것이니까요. 그리고 단순히 책의 줄거리만 담지는 않겠다고 마음먹었습니다. 줄거리는 온라인 서점 홈페이지에 더 자세히 나와 있으니까요. 책을 통해 길어 낸 제 생각과 경험을 나누고 싶었어요. 마지막으로 가장 정성을 들인 것은 북 토크입

니다. 제시한 세 가지 대화를 숙제하듯 해치우지 마세요. 그저 평범한 이야기들도 아이의 마음을 두드리고 생각을 자극할 수 있다는 걸 보여드리고 싶었습니다.

이 책은 대단히 새로운 내용이나 족집게 같은 정보를 담은 책이 아닙니다. 독서 교육에 진심인 한 교사가 어린이들과 현장에서 함께 나눈 이야기의 기록입니다. 바쁜 엄마들을 대신해 제가 먼저 읽어 보았어요. 아이와 함께 읽기로 마음은 먹었으나 어떤 책을 읽어야 하는지, 읽고 나서 아이와 무슨 대화를 나누어야 하는지 고민인 6학년 엄마들에게 전하고 싶습니다.

책을 읽고, 이야기 나누고, 생각하고, 그리고 이 책을 쓰면서 어린이와 책을 더욱 사랑하게 되었습니다.

전영신

·차례·

1

책으로 크는
아이들

공부 잘하는 아이

어휘력과 문해력을 기르는 최고의 방법

"국어도 국어, 수학도 국어, 사회도 국어, 과학도 국어."

제가 하도 많이 말해서 저희 반 아이들 입에서도 줄줄줄 새어 나오는 말입니다. 아이들에게 일부러 주입하려던 것은 아니었어요. 수업하다 보면 낱말 뜻을 몰라 제 설명을 이해하지 못하고 문제를 풀지 못하는 아이들을 자주 만납니다. 그때마다 조바심이 생겨서 자꾸 잔소리를 하게 됩니다. "얘들아, 어휘력이 이렇게 중요하단다. 어휘력은 사전을 펴 놓고 공부하는 게 아니라, 책을 읽다 보면 저절로 길러져. 이야기의 흐름 속에서 낱말의 뜻을 짐작하게 되고 그렇게 알게 된 낱

말들이 쌓이면 선생님 설명을 이해하는 것도, 긴 문장의 문제를 푸는 것도 식은 죽 먹기지." 교실 여기저기서 얕은 한숨 소리가 들립니다. 하지만 아이들도 이미 알고 있어요. 어휘력을 기르는 유일한 방법이자 최고의 방법이 '독서'라는 것을 말입니다.

성적에 영향을 주는 것은 어휘력뿐만이 아닙니다. 장면을 상상하는 능력도 아주 중요해요. 수능 지문이나 논술 고사 문제는 대부분 긴 글입니다. 긴 글을 주어진 시간 안에 빠르고 정확하게 파악하려면 읽는 것과 동시에 머릿속에 장면을 떠올릴 수 있어야 해요. 다음은 게리 폴슨의 《손도끼》(사계절, 2001) 중 일부입니다.

브라이언이 조종간을 조금 돌리자 비행기는 곧 오른쪽으로 기울어졌고, 오른쪽 방향타 페달을 밟자 비행기가 지평선을 오른쪽으로 비끼며 미끄러졌다. 브라이언이 페달에서 발을 떼고 조종간을 똑바로 하자 비행기는 다시 수평이 되었다. …(중략)… 브라이언이 조종간을 왼쪽으로 돌리고 왼쪽 페달을 밟자, 비행기가 처음 위치로 돌아왔다.

위의 내용은 컵에 물을 따라 마시거나 신발을 신고 현관문을 나서는 것 같이 일상적인 장면이 아니에요. 보통 사람이라면 쉽게 경험해 보기 힘든 비행기를 조종하는 장면입니다. 그래서 장면을 상상하기가 쉽지 않습니다. **고학년용 이야기책은 그림책과 달리 글만으로 장**

면을 떠올려야 할 때가 많아요. 자꾸 읽다 보면 눈을 통해 들어온 글을 머릿속 그림으로 바꾸는 데 능숙해집니다. 장면을 상상하는 힘은 곧 문제를 파악하고 해결하는 데 쓰입니다.

아이 성적을 올리는 가장 효율적인 투자, 독서

백년지대계百年之大計라고 하는 교육에 감히 '투자'라는 표현을 써도 될까요? 아이의 좋은 성적을 위해 부모의 돈과 정성, 아이의 시간과 노력을 쏟는 것이니까 투자가 맞습니다. 부모는 발품을 팔아 정보를 모으고 생활비를 아껴 학원을 하나라도 더 보냅니다. 아이는 학교가 끝나자마자 학원으로 가지요. 학원에 안 가는 날에는 '아, 오늘 하루는 편히 쉬었다.'라고 생각할 겨를도 없이 공부에 압박감을 느낍니다. 고학년 아이를 둔 지극히 평범한 가정의 모습입니다. 투자한 만큼 성적이 오르면 아무 문제가 없습니다. 미래를 위해 기꺼이 오늘을 투자할 준비가 되어 있지요. 문제는 그렇지 못할 때 터집니다.

"한 달에 너 학원비만 얼만 줄 알아?"

"나도 할 만큼 했어!"

엄마와 아이가 마음속에 품었던 말을 입 밖으로 꺼내는 순간, 갈등은 폭발합니다.

이에 반해 독서는 들어가는 것이 별로 없어요. 집 근처 도서관에는 무료로 빌릴 수 있는 책이 쌓여 있고, 어떤 책이 더 좋은 책인지 발품을 팔 필요도 없습니다. 책을 많이 읽다 보면 좋은 책을 고르는 안목이 저절로 생기거든요. 저도 그랬습니다. 좋은 책과 충분한 시간만 있으면 독서 교육의 절반은 성공입니다.

저는 일하는 엄마입니다. 하루 종일 학교에서 아이들을 가르치고 저녁에 퇴근하면 손도 까딱하기가 싫어요. 아이를 낳기 전에는 퇴근하고 집에 돌아오면 바로 소파와 한 몸이 되었습니다. 그러다가도 학부모님한테 전화가 오거나 반 아이들이 카톡으로 뭘 물어보면 쉼은 금세 중단되었어요. 일과 쉼의 경계는 언제나 모호합니다.

바쁜 엄마의 취약점은 바로 정보력입니다. 아이 성적에 가장 중요한 것이 엄마의 정보력이라는데 저는 학부모 네트워크를 형성할 시간도, 인터넷 검색할 정성도 부족해요. 저희 아이와 옆집 아이는 정보의 출발선이 다르겠지요. 그런데 독서의 출발선은 같아요. 도서관은 누구에게나 열려 있고, 수많은 좋은 책들은 사람을 가리지 않습니다. 얼마나 다행인지요. 아무리 피곤해도 '일주일에 한 번, 아이와 함께 도서관 가기'를 멈출 수 없는 이유입니다.

아이의 중학교 성적,
미리미리 준비하세요

초등학교와 중학교는 공부 난이도 차이가 큽니다. 얼마나 크냐면요, 제가 초등학교 다닐 때는 성적이 꽤 좋았습니다. 시험을 치르고 나면 반 석차, 전교 석차가 전교생에게 공개되었는데 남부럽지 않은 성적을 자랑했어요. 매년 수학경시대회 준비반에 선발되어 방과 후에 특별지도도 받았고요. 그래서 저는 제가 공부를 아주 잘하는 줄 알았습니다. 그런데 중학교에 가서 치른 첫 번째 시험에서 42명 중에 35등을 했어요. 성격 탓에 불안감이 높았던 저는 초등학교와 중학교의 공부 난도에 무너지고 말았습니다.

이런 현상은 지금도 여전합니다. 중학교에 가면 갑자기 과목도 많아지고 교과 내용도 어려워져요. 졸업한 제자들이 찾아와서 하는 이야기를 들어 보면 "선생님, 중학교 공부 왜 이렇게 어려워요? 초등학교 때랑은 진짜 달라요. 이럴 줄 알았으면 초등학교 때 좀 더 열심히 공부해 둘 걸 그랬어요."가 대부분입니다. 초등학교 때까지 큰 노력 없이도 좋은 성적을 유지하던 아이들이 중학교에 가면 성적이 곤두박질칩니다. 하지만 꾸준한 독서를 통해 어휘력과 장면 상상력을 다져 놓은 아이들은 그 차이를 잘 느끼지 못해요. 교과서도 결국 책이잖아요.

CBS 교양 프로그램 〈세상을 바꾸는 시간, 15분〉에서 청소년 강사로 뽑힌 박준서 군의 어머니는 그녀의 책 《그 집 아들 독서법》(이지연, 블루무스, 2019)에서 '초등 책 읽기에 실패하면 중학교 수행평가는 공포다.'라고 했습니다. 그녀는 모든 과목에서 글쓰기는 기본이고 토론, 발표, 기획, 영상 등 다양한 수행평가를 아이에게 요구해 깜짝 놀랐다고 해요. 아이가 긴 시간 동안 꾸준히 쌓아 온 독서 경험과 다양한 독후 활동이 수행평가 준비에 큰 도움이 되었다고 고백합니다.

초등학교 생활기록부에는 없지만 중·고등학교 생활기록부에는 있는 항목이 있습니다. 바로 '독서 활동 상황'입니다. 초등학교에는 특별히 독서 이력을 기록하는 시스템이 없습니다. 제가 근무하는 학교는 '독서 마라톤 통장'을 만들어 아이들에게 배부하고 있지만, 관리는 자율에 맡겨요. 그런데 중·고등학교부터는 학생의 독서 이력이 생활기록부에 공식적으로 기록됩니다. 과목별로 학생이 읽은 책의 정보를 담임교사나 교과교사가 입력하게 되어 있어요. 그렇다면 어떤 책을 읽고 생활기록부에 기록하는 것이 좋을까요? 많은 사람이 읽은 유명한 책이 좋을까요? 아니면 어떤 기관이나 선생님이 추천하는 책이 좋을까요?

정답은 없지만 자기만의 독서 이력을 만들어야 합니다. 남들과 비슷한 독서 이력은 눈에 띄지도 않고 생활기록부를 읽는 입학사정관의 기억에 남지도 않을 거예요. 자기만의 스토리가 담긴 독서 이력은 어느 날 갑자기 만들어지지 않습니다. 초등학교 때부터 준비해야 해요. 급하게 만들어진 독서 이력, 남이 대신 써 준 독서 이력은 결국 티가 납니다. 몇 마디만 나눠 봐도 금방 알 수 있거든요.

남을 잘 이해하는 아이

나와 다른 타인을
이해하는 일

부부싸움 자주 하시나요? 저도 10년 동안 부지런히 싸웠습니다. 사람들이 싸우는 이유는 서로의 입장이나 성격이 다르기 때문입니다. 다름을 이해하고 인정하면 싸울 일이 줄어들지요. 책을 읽다 보면 나와는 다른 수많은 사람의 이야기를 만날 수 있습니다. 이 만남을 통해 인간에 대한 이해가 깊어져요.

저는 버스 타는 게 무서워요. 버스를 잘못 타서 된통 고생한 경험이 있거든요. 그래서 버스를 탈 때마다 인터넷으로 정류장 노선도를 확인하고, 버스 안에 붙어 있는 노선도와 안내 방송을 비교하며 또 확인해요. 가장 확실한 건 기사님께 여쭤어보는 것인데 여쭤어도 대답이 없거나 무뚝뚝한 말투 때문에 묻기 전에 항상 큰 용기가 필요했지요. 그런데 허혁의 《나는 그냥 버스 기사입니다》(수오서재, 2018)를 읽고 버스 기사님들이 얼마나 고생하시는지 알았어요. 왜 그렇게 늘 화가 난 듯한 얼굴인지, 그 화는 어디에서 오는 건지 알았습니다. 만약 누군가 제게 "버스 기사들이 얼마나 애쓰는지 알아? 그거 참 힘든 일이야."라고 했다면 "세상에 안 힘든 일이 어디 있어?"라고 되물었을 거예요. 그런데 저는 그 한 권의 책을 읽으면서 버스 기사의 삶에 오롯이 다가갔고, 깊이 이해하게 되었어요. 그 이후로는 버스 탈 때 기사님께 큰소리로 인사하고, 인사를 받아 주지 않아도 마음 상해하지 않습니다. 운전할 때 버스가 끼어들어도 화나지 않아요. 그럴 만한 사정이 있다는 것을 책이 가르쳐 주었거든요.

《우아한 거짓말》(김려령, 창비, 2009)을 읽으면서 학교폭력 피해자와 그 가족의 목소리를 들어 본 사람은 말 한마디가 주는 고통이 얼마나 큰지 알게 됩니다. 《검은 후드티 소년》(이병승, 북멘토, 2013)을 읽으면서 마틴의 억울한 죽음에 함께 슬퍼한 사람은 흑인에 대한 차별과 편견을 보면 그냥 넘어가지 않습니다. 《마음을 읽는 아이 오로르》(더글라스 케네디(조동섭 옮김), 밝은세상, 2020)를 읽으면서 오로르의 목소리를 들어 본 사람은 자폐아가 세상을 바라보는 방식을 이해하게 되지요. 학교폭력 피해자, 흑인, 자폐아에 대한 설명을 듣는 것과 책으로 그 삶을 들여다보는 것은 차원이 다릅니다. 잠깐이지만 그 사람의 삶을 대신 사는 듯한 착각이 들 정도로 깊이 공감하게 됩니다. 우리 아이들이 자라면서 만나게 될 사람들은 얼마나 다양하고 또 얼마나 새로울까요? 인간에 대한 깊은 이해는 바른 인성의 밑거름입니다.

책으로 체득하는 갈등 해결 방법

이야기책에 반드시 등장하는 것이 인물들 간의 갈등 혹은 문제 상황입니다. 서로 다른 세계를 가진 인물들이 만나 자신의 세계만을 강요할 때 갈등은 필연적이지요. 이야기책은 이 갈등 상황을 그냥 두지 않고 어떻게든 해결해서 어린이 독자들에게 희망을 보여 줍니다. 이 과정을 지켜본 아이들은 두 가지를 배웁니다. 하나는 갈등 해결 과정에서 등장인물이 한 선택이고, 다른 하나는 인간의 힘으로 해결하지 못하는 문제는 없다는 교훈입니다.

《나의 린드그렌 선생님》(유은실, 창비, 2013)의 주인공 비읍이는 엄마의 잔소리를 듣기 힘들어하고, 엄마는 비읍이의 말대꾸를 싫어합니다. 사춘기에 접어든 딸과 엄마의 관계가 어려운 것은 어느 집이나 마찬가지입니다. 비읍이에게는 린드그렌 선생님 책이 삶의 위로이자

기쁨인데요, 어느 날 엄마가 '쓰레기 같은 책'이라며 당장 갖다 버리라고 합니다. 이 때문에 둘은 심한 갈등을 겪죠. 이때 비읍이는 어떤 말과 행동을 선택했을까요? 엄마에게 대들어서 더 날카로운 말로 상처를 주고받기, 집을 뛰쳐나가거나 방문을 쾅 닫고 들어가 혼자만의 세계에 빠지기, 홧김에 정말로 책을 버리거나 반항심에 더 많은 책을 사기. 아마 제가 비읍이었다면 이 중에 하나를 했을 것 같아요. '쓰레기 같은 책'이라니 엄마가 좀 심했잖아요. 그런데 사랑스러운 우리의 비읍이는 전혀 다른 선택을 합니다. 마음속으로는 린드그렌 선생님께 편지를 쓰고, 머릿속으로는 자신이 가출한 다음에 엄마에게 일어날 일을 상상합니다. 편지와 상상은 비읍이의 극단적 행동을 막아 주고 결국 엄마도 변화시켜요. 저는 딸아이가 말대꾸와 반항을 시작하면 이 책을 꼭 읽혀야겠다고 생각했습니다. 엄마보다 지혜로운 딸이 등장하니까요. 저에게는 한참 뒤에나 일어날 일이라고 생각했는데, 아직 한글도 다 못 뗀 일곱 살배기와 벌써 이런 갈등을 겪고 있어요.

취학 전 아이들에게 많이 읽히는 전래동화의 주제는 대부분 권선징악이잖아요. 고학년이 읽는 이야기책도 그 맥락은 같습니다. 갈등이나 문제 상황에서 등장인물이 하는 행동의 결과를 분명하게 보여 줌으로써 아이들이 선한 선택, 올바른 가치판단을 하도록 이끌어요.

소통의 도구,
말 말 말

폭언(고성·욕설·협박 등) 시 민원 응대 요령 – 상급자가 적극 개입해 이런 행동은 문제 해결에 도움이 되지 않음을 정중하게 알리는 등 민원인을 최대한 진정시킨다.

시청에서 일하는 지인의 책상에 이런 게 붙어 있었어요. 왜 사람들은 얼굴도 모르는 시청공무원에게 전화를 걸어 폭언을 퍼붓는 걸까요? 공무원은 그저 규정대로 시행했을 뿐 민원인에게 어떠한 나쁜 감정도 없다는 것을 모르는 걸까요? 아니에요. 당장 화가 나는데 그 화를 어떤 말로 표현해야 할지 모르는 겁니다. 품격 있게 말하는 훈련이 되어 있지 않아서 그래요.

책 속의 글은 대부분 정제되어 있어요. 독자에게 주제를 전달하기 위해 고성, 욕설, 협박 같은 말 같지 않은 말을 사용하지 않습니다. 잘 정리된 매력적인 말로 독자를 설득하지요. 작가가 쏟아 놓은 말에 눈과 마음이 따라가다 보면 정제된 말들이 내 안에 축적됩니다. 그래서 일상생활에서 화가 났을 때, 내 마음을 잘 전달해 줄 최적의 단어를 골라 사용할 수 있어요.

저는 화가 나거나 흥분하면 말이 많아져요. 그중에 쓸만한 말은 별로 없습니다. 내가 얼마나 화가 났는지 상대방에게 표현해야겠다는 감정이 앞서서 그래요. 감정이 앞설수록 상대방은 제 요구를 알아채기 어려워집니다. "여보, 내가 지금 주체할 수 없이 화가 나. 근데 왜 이렇게 화가 나는지 나도 잘 모르겠거든. 잠깐 시간을 주면 내 마음을 들여다보고 당신한테 다시 말해 줄게." 제가 화날 때마다 남편에게 쓰는 말입니다. 어때요? 품격 있어 보이나요? 책에서 배운 말입니다. 저는 이 말 덕분에 대화를 회피하거나 감정이 북받쳐 우는 일이 줄어들었어요. 이렇게 말하고는 시간을 법니다. 우선은 정말로 제 마음을 들여다보고 촌철살인의 돌직구를 준비합니다.

두 아들과 함께 책을 읽고 토론하고 에세이를 써서 두 아이 모두 하버드 대학교에 진학시킨 부모가 있어요. 바로《일곱 살부터 하버드를 준비해라》(웅진지식하우스, 2005)를 쓴 이형철, 조진숙입니다. 그들은 '아이들이 너무 이기적이고 자기 위주로 생각하는 경우, 사회적인 요구가 개인의 요구보다 중요하게 다루어진 현대문학이나 고전을 읽혀라.'라고 말하며《레미제라블》,《멋진 신세계》등의 책을 추천합니다. 공부뿐만 아니라 인성 교육도 책을 통해 가능하다는 뜻이겠지요. 책을 읽고 다양한 간접 경험을 쌓은 아이들은 눈앞의 감정과 욕구에 일희일비一喜一悲하지 않습니다. 상황을 다각도로 바라보고 분석하는 통찰력이 있기 때문에 타인과의 소통도 순조롭게 합니다.

교실 밖 세상을 여행하는 아이

새로운 세계로 떠나는
가장 쉬운 방법, 독서

부모라면 누구나 자녀에게 넓은 세상을 보여 주고 싶어 합니다. 자녀가 우물 안 개구리에서 벗어나 새로운 무대에서 다양한 사람들과 관계를 맺으며 큰 꿈을 갖기를 기대하고요. 하지만 그것을 부모가 다 책임지기에는 한계가 있어요. 시간도 문제고 돈도 문제입니다. 다음은 《마틸다》(로알드 달(김난령 옮김), 시공주니어, 2018) 중 일부입니다.

마틸다는 조지프 콘래드와 돛단배를 타고 항해를 떠났고, 어니스트 헤밍웨이와는 아프리카로 떠났으며, 러드야드 키플링과는 인도를 탐험했다. 마틸다는 영국 어느 작은 마을에 있는 자신의 작은 방에 앉아서 세계 곳곳을 여행했다.

책이라면 가능합니다. 누구라도 만날 수 있고 어디라도 갈 수 있어요. 《바보 같은 내 심장》(자비에 로랑 쁘띠(이희정 옮김), 밝은미래, 2013)을 읽으면 아프리카 사람들이 초막집에서 우갈리를 먹고 맨발로 거리를 걸어 다니는 모습이 머릿속에 펼쳐져요. 의식주뿐만 아니라 그들이 마을 공동체를 이루는 방식과 서로 주고받는 영향을 보며 밀도 있는 문화 체험도 하게 됩니다. 아직 아프리카를 여행해 보지 못한 제게 이 책은 신선한 충격이었어요.

초원의 세계는 또 어떻고요. 저희 가족은 외국으로 여행을 갈 때마다 동물원에 들렀습니다. 처음에는 다른 좋은 곳도 많은데 여행 코스에 꼭 동물원을 넣는 남편을 이해할 수 없었어요. 그런데 자꾸 다니다 보니 나라마다 동물원의 분위기나 동물과 만나는 방식이 모두 다르다는 걸 알았고 아이보다 제가 더 즐기게 되었습니다. '집에 돌아가면 아이와 함께 자연관찰 책을 많이 읽어야지.' 하고 다짐했지만 그때뿐이었어요. 여전히 자연관찰 전집 위에는 먼지가 뽀얗게 쌓여 있었지요. 그런데 《푸른 사자 와니니》(이현, 창비, 2015)를 읽고는 달라졌어요. 읽자마자 사자의 운명, 초원의 법칙에 매료되었습니다. 동물들의 특징을 생생하게 묘사한 책에 흠뻑 빠져들었어요. 이 책을 만난 뒤로 동물원에 가면 동물들의 목소리가 들리는 것 같아요. 과장이 아닙니다. 교활한 하이에나의 목소리, 여기저기 말을 옮기는 새들의 목소리, 느긋해 보이지만 사실은 매우 거친 하마의 목소리가 들려요. 울타리 밖에 서서 동물들을 그저 구경하는 게 아니라 그들의 스토리를 상상합니다.

간접 경험은 공간뿐만 아니라 시간도 초월합니다. 우리나라라고 해도 우리가 직접 겪어 보지 못한 옛날은 외국이나 마찬가지라고 하지요. 저는 역사 공부에 대한 두려움이 있습니다. 해도 해도 끝이 없기 때문입니다. 사실 더 큰 이유는 제가 해석을 잘못해 혹여 아이들에게 어긋난 역사 인식을 심어 줄까 조심스럽기 때문입니다. 그래서 책을 통해 아이들이 직접 과거와 대화하도록 돕습니다. 《담을 넘은 아이》(김정민, 비룡소, 2019)를 읽고 풀밭에서 태어나 그냥 '푸실이'가 된 주인공의 이야기를 본 아이들은 놀랍니다. 갓난아기에게 물려야 할 젖을 입맛 잃은 일곱 살 아들에게 물린다거나 딸인 데다 어차피 오래 살지 못할 것 같다며 부모가 먼저 어린 자식의 목숨을 포기하는 장면. 이 지독한 차별이 당연시되는 조선은 아이들에게 완전히 낯선 세계입니다.

근현대사는 더 어렵습니다. 현재와 촘촘히 연결되어 있어 자칫 잘못 말했다가는 정치적 혼란을 주기 십상입니다. 그래서 책의 도움을 받을 수밖에 없습니다. 《몽실 언니》(권정생, 창비, 2012), 《아미동 아이들》(박현숙, 국민서관, 2013), 《그 여름의 덤더디》(이향안, 시공주니어, 2016), 《그해 유월은》(신현수, 스푼북, 2019)은 모두 한국전쟁을 배경으로 한 이야기책입니다. 교과서처럼 전쟁의 원인이나 과정, 결과를 일목요연하게 설명하지는 않지만, 전쟁 전, 중, 후에 살았던 사람들의 이야기를 들려주지요. 전쟁으로 가족이 해체되고 장애를 얻었지만 어린 동생들을 끝까지 돌보는 몽실이, 피난처에서 판잣집과 천막집이 모두 불타자 일본인들의 공동묘지 위에 집을 짓고 사는 아미동 아이들의 모습을 보면 전쟁의 고통이 고스란히 느껴져요. 아이들에게는 제가 말로 가르치는 역사보다 이야기책이 들려주는 역사가 더 생생하게 기억됩니다.

책 속의 새로운
세계에서 꿈 찾기

《나의 린드그렌 선생님》은 어느 추천도서목록에서 우연히 만난 책입니다. 이름조차 생소한 린드그렌이 누군지도 모르고 읽기 시작했어요. 말괄량이 삐삐는 알았지만 아스트리드 린드그렌은 몰랐던 시절입니다. 주인공 비읍이는 린드그렌 선생님 덕분에 '린드그렌 선생님 책의 옮긴이 되기', '사랑하는 엄마한테 린드그렌 선생님 책벌레 옮기기'라는 꿈이 생겼어요. 저는 비읍이 덕분에 린드그렌 선생님 책들을 읽기 시작했습니다. 《내 이름은 삐삐 롱스타킹》(시공주니어, 2017)을 시작으로 《산적의 딸 로냐》(시공주니어, 2018), 《미오, 나의 미오》(우리교육, 2017), 《라스무스와 방랑자》(시공주니어, 2020), 《사자왕 형제의 모험》(창비, 2015)을 차례로 읽어 나갔어요. 읽을 때마다 속상했어요. 이렇게 아름다운 책을 왜 아무도 내게 알려 주지 않았는지 누구라도 원망하고 싶었거든요. 50년도 더 지난 이야기가 아직도 제 마음을 촉촉이 적신다는 것이 그저 놀랍기만 했습니다. 저도 비읍이처럼 꿈이 생겼습니다. 언젠가 스웨덴에 가서 린드그렌 선생님의 흔적을 찾아다닐 거예요. '스웨덴' 하면 가구 브랜드를 제일 먼저 떠올리던 제가 달라졌습니다. 스웨덴 왕가가 아스트리드 린드그렌에게 헌정했다는 어린이 테마파크 유니바켄Junibacken에도 가 보고 린드그렌 선생님 집에도 가 볼 거예요. 책이 아니었다면 가닿지 않았을 세계입니다.

저는 스웨덴에 가기 전에 작가의 꿈부터 이루고 싶었어요. 사실 내 이름으로 된 책을 내 보는 것은 오래전부터 품어 온 꿈입니다. 멋지잖아요. 그런데 막연했지요. 하지만 책을 꾸준히 읽다 보니 내 생각이 자꾸 쌓여서 밖으로 쏟아 내고 싶어졌습니다. 일단 책을 쓰기로 마음먹으니 모든 게 달라졌습니다. 나름의 기준을 정해 책을 분류했어요. 교사가 쓴 책, 엄마들에게 필요한 책, 책 쓰기 기술을 가르쳐 주는 책, 문장이 수려한 책, 책을 소개한 책…… 누가 시키지도 않았는데 읽어야 할 책 목록을 수집하고 체크해 읽었습니다. 책의 목차를 보면서도 내가 쓰고 싶은 책의 주제에 빗대어 보았어요. 그러자 모든 단어와 문장이 살아서 움직였습니다. 그리고 이건 정말 신기한 경험인데, 자면서도 글을 썼습니다. 자다가 툭 깨면 문장들이 와르르 쏟아져 나왔어요. 마치 누군가 나에게 준 선물처럼 그 문장들은 머릿속에서 반짝였고, 잊지 않기 위해 불을 켜고 메모지를 꺼내 들었습니다.

당신이 이 책을 읽고 있다면 저는 작가의 꿈을 이룬 것이니 따뜻한 마음으로 축하해 주세요. 우리 아이들도 책 속에서 무한한 세계를 경험하고 부모가 보여 줄 수 있는 것, 그 너머의 꿈을 찾으면 좋겠어요.

제가 근무하는 학교는 매년 3월 '꿈단지 설치식'을 진행합니다. 자신의 꿈을 적어 밀봉한 후 아이들 키만큼 커다란 항아리에 넣어요. 교실을 휘휘 둘러보며 아이들이 적는 꿈을 보면 대부분 크리에이터 아니면 연예인입니다. 그 꿈이 나쁘다는 게 아니에요. 꿈의 출처가 유튜브와 텔레비전뿐이라는 사실이 안타깝습니다. 책의 그 작은 종이에는 셀 수 없이 많은 세계로 가는 문이 있어요. 그 많은 곳 중에 우리 아이를 사로잡는 세계는 반드시 있습니다.

하루하루 성장하는 아이

나의 삶을 변화시킨
독서

　독서는 확실히 제 삶을 변화시켰습니다. '읽고 쓰고 생각하는' 인간으로 살게 해 주었거든요. 그냥 읽는 것이 아니라 책이 가진 위대한 힘을 믿고 탐욕적으로 읽습니다. 어렸을 때는 그 힘을 몰랐어요. 집에 책이 별로 없었고, 지금처럼 동네 도서관이 많지 않았으니까요. 고등학교, 대학교 때는 책을 읽으라고 하니까 읽었어요. '독서 인증제'라는 이름으로 숙제처럼 주어진 도서 목록을 하나씩 지워 가면서 꾸역꾸역 읽고 썼습니다. 이런 저를 뒤흔든 책이 있습니다. 지금도 저는 책과 담을 쌓은 사람들에게 단 한 권의 책을 추천하라면 망설임 없이 이 책을 말합니다. 이지성, 정회일의 《독서 천재가 된 홍대리》(다산라이프, 2011)입니다. 이 책을 읽은 2013년 9월, 일기장에 이렇게 썼더라고요.

취미로 읽던 책이 생존을 위한 책으로. TV를 끄고 인터넷 서점에서 책 다섯 권을 한꺼번에 사게 만든 책. 어쩌면 나도 '독서 천재 전 선생'이 될 수 있지 않을까 하는 떨림의 시작.

교실에서 매일 아이들에게 책을 권하고 집에 오면 딸아이에게 책을 읽어 주는 것을 가장 큰 의무이자 행복으로 여깁니다. 아이가 잠들면 고된 하루를 위로받고 인생의 지혜를 얻기 위해 다시 책을 펼쳐요. 하루를 온통 책과 함께 하는 저도 따져 보니 독서 인생이 10년도 채 안 됩니다. 즉 누구라도 그렇게 될 수 있다는 뜻이에요.

두 줄의 짧은 일기에는 교사로서의 제 정체성이 담겨 있습니다. '독서 천재 전 선생'이라는 정체성이요. 2013년이면 교직 경력 4년 차인데 그때까지도 저는 제 강점을 못 찾고 있었어요. 기타를 연주하며 아이들과 노래하는 선생님을 보고 실용 음악 학원에 등록했는데 손에 물집이 잡히자마자 바로 포기했습니다. 교실 놀이로 시끌벅적 웃음이 넘치는 반을 보고 관련 연수를 들으며 실천해 봤지만 아이들을 웃게 하지 못했어요. 이 학교에도 있고 저 학교에도 있는 그저 그런

교사가 아니라, 탁월한 뭔가를 가진 교사가 되고 싶었는데 쉽지 않았습니다. 그런데 독서라면 저도 할 수 있을 것 같았어요. 아침 독서 운동, 선생님과 함께 도서관 가기, 학년에 상관없이 그림책 읽어 주기, 독서토론, 릴레이 독서, 온책읽기(책을 혼자 읽고 다른 사람의 생각은 어떤지 교류하며 책 전체를 읽는 것. 출처: 네이버 사전), 고전 필사하기 등 학급 경영의 시작과 끝을 모두 책으로 채웠습니다. 그랬더니 교실이 달라졌어요. 아이들과 한층 다채로운 이야기를 나누게 되었고 교사로서의 제 삶이 특별하게 느껴졌어요.

2020년 8월, 책으로 소통하는 SNS 계정을 만들었습니다. 이 일을 이끌어 준 사람은 열두 살 소녀 '키라'였어요.《열두 살에 부자가 된 키라》(보도 새퍼(김준광 옮김), 을파소, 2014)에서 '자기가 알고 있는 것, 가지고 있는 것, 할 수 있는 것'에 집중해서 지금 당장 행동하라고 했거든요. 저는 책 싫어하는 아이를 변하게 하는 방법을 알고 있었고, 그와 관련한 많은 성공담과 실패담을 가지고 있었습니다. 아이들에게 책을 읽어 주고 함께 읽는 일은 언제까지고 지치지 않고 할 자신이 있었어요.

북스타그램은 여러모로 좋았습니다. 우선 아이들에게 더 편하게 책을 추천할 수 있게 되었어요. 제가 추천한 책을 다 읽고 "선생님, 다른 책도 추천해 주세요."라고 하는 친구들이 가끔 있는데, 북스타그램을 시작하기 전에는 "응, 잠깐만. 선생님이 지금 바쁘니까 이것만 끝내고 말해 줄게."라고 하고는 제 독서 노트를 뒤적였어요. 독서 노트에는 성인 도서와 어린이 도서가 섞여 있어 그 아이에게 딱 추천해 줄 만한 책이 한눈에 들어오지 않았습니다. 그런데 북스타그램을 시작한 후에는 후다닥 접속해서 보여 주며 이렇게 말했어요. "이 책 읽어 봤어? 그럼 이건? 이거 안 읽어 봤어? 이거 진짜 재미있는데. 무슨 내용이냐면 말이야……."

또 교실 밖의 누군가에게도 도움을 줄 수 있어 큰 행복을 느낍니다. 타인이 제 글을 주의 깊게 읽고 있다는 것이 신기하기도 하고요.

제목만 보면 딱 안 읽고 싶은 책인데 선생님 글을 보니 읽고 싶어지는 마법이…… 읽어 봐야겠어요.

@rang_ae_

선생님 덕분에 첫째 아이 도서 고르는 데 많은 도움을 받고 있어요.

@anna_leah_love

오늘 이 책 있으면 빌려야겠어요. 없으면 상호 대차 걸어 둬야겠네요. 책 고를 때 많은 도움이 됩니다. 감사해요.

@amegaski

제가 좋아서 읽고 쓴 글이 다른 사람에게도 쓸모가 있다는 사실에 제 자존감은 높아졌고 몇 년간 갈피를 못 잡던 제 교사 정체성도 단단해졌습니다. 학교와 가정에 머물러 있던 제 시야가 넓어졌고, 더 큰 꿈을 품게 되었어요.

아이들의 삶을 변화시킨 독서

좋은 책 몇 권으로 아이들의 삶이 달라질까요? 달라집니다. 매해, 매 순간 경험해요. 한 번도 책을 끝까지 읽어 본 적 없던 아이가 친구들과 함께 읽고, 쉬는 시간에 모여서 책 얘기를 합니다. 저에게 좋은 책을 더 추천해 달라며 보채고, 엄마한테 책을 사달라고 조르기도 합니다. 5학년 때는 책을 안 읽었는데 저를 만나고 책이 좋아졌다거나 제 덕분에 인생 책을 찾았다는 달콤한 고백이 쏟아집니다. 이렇게 매일 교실에서 아이들에게 책을 읽어 주고 함께 읽는 저는 자주 기적을 만납니다. 이 기적을 만나는 데까지 일 년이 채 걸리지 않으니 아이들의 잠재력은 정말 놀라워요.

아침 독서 운동 시간에 아이들이 읽는 책을 관심 있게 지켜보다 제가 먼저 말을 건넬 때가 있어요. "와! 선생님도 진짜 궁금했던 책인데 다 읽으면 빌려줄 수 있어?", "어? 이거 선생님도 예전에 읽어 본 책인데 너무 오래돼서 기억이 안 난다. 다 읽으면 빌려줄 수 있어?" 이런 제 말을 잊고 책을 빌려주지 않은 친구는 지금껏 한 명도 없어요. 오히려 본인 계획보다 더 빨리 읽고는 꼭 제게 들고 옵니다. 그러면 저도 부지런히 읽고 나서 반 아이들 모두에게 그 책의 매력을 들려줘요. 곧이어 굉장한 장면이 펼쳐집니다. 아이들이 그 친구 앞에 모여들어서 서로 먼저 빌려 가겠다고 가위바위보를 해요.

선생님에게 책을 빌려주는 경험이 아이들에게는 특별한가 봅니다. 한 번으로 끝나지 않고, 이번엔 아이가 먼저 찾아옵니다. "선생님, 이 책 재미있는데 한 번 읽어 보실래요?" 그럼 저는 "응, 읽어 볼게. 고마워!"라고 대답하며 쉽게 아이를 돌려보내지 않아요. 붙잡고 물어봅니다. "이 책, 어디가 그렇게 재미있었는데?", "이 책 읽고 왜 선생님 생각이 났어?" 제 질문에 조목조목 조리 있게 대답하는 친구도 있지만, 대부분은 쭈뼛쭈뼛 "그냥 읽어 보세요. 재미있어요." 하고 몸을 몇 번 꼬다가 자리로 돌아갑니다. 그래도 괜찮아요. 그 잠깐의 공기가 참 따뜻하고 좋습니다. 선생님에게 책을 권하면서 학습만화나 이상한 책을 들고 오는 아이는 없었습니다. 오히려 그 반대였지요. 제가 고른 책보다 훌륭할 때도 많았습니다. 이미 읽어 본 책이라도 기꺼이 호기심을 표현했고, 반드시 다시 읽었습니다. 그 책으로 아이들과 한마디라도 더 나눌 기회를 놓치고 싶지 않았으니까요.

교사이자 엄마로서 제가 정말 원하는 것이 독서 자체인지 독서를 통한 삶의 변화인지 생각해 보았습니다. 그리 오래 고민하지 않고 후

자로 결론을 내렸어요. '내 새끼 책 읽는 뒷모습만 봐도 뿌듯하다.'라는 생각은 아이가 어릴 때 잠깐입니다. 아이들이 책 속에서 꿈을 찾고, 깊이 있는 독서를 통해 많은 기쁨과 기회를 얻으면 좋겠습니다. 책이 가르쳐 준 배려와 존중, 겸손으로 주변 사람들과 지혜롭게 소통하고 책이 건네는 위로로 자신의 인생을 단단히 꾸려 가면 좋겠습니다. 그래서 저는 오늘도 아이들과 함께 책을 읽습니다. 독서는 누구나 할 수 있지만 '삶을 변화시키는' 독서는 아무나 할 수 없어요.

2

이 좋은 책,
어떻게 읽게 할까요?

시작은 이야기책으로

책은 재미있어야 읽어요

"그래요. 책이 좋은 거 잘 알아요. 그런데 우리 애가 책을 안 읽어요."

아이가 책을 읽지 않는 단 하나의 이유는 '진짜 재미있는 책을 못 만나서'라고 하지요. 이야기책은 우선 재미있어서 누구나 쉽게 시작할 수 있어요. 그리고 일단 읽기 시작하면 다음 이야기가 궁금해져서 끝까지 읽을 수 있습니다. 저도 그래요. 필요해서 책을 읽을 때는 중간에 자꾸 딴짓을 하게 됩니다. 갑자기 내일 날씨가 궁금해지기도 하고, SNS에 업로드된 새 소식이 보고 싶기도 해요. 그런데 진짜 재미있는 이야기책에 푹 빠지면 누가 부를까 봐 두려워요. 아무에게도 방해받지 않고 빨리 읽고 싶어요.

재미있는 스토리를 좋아하는 것은 아이들의 본능입니다. 저희 집에서 딸아이의 진짜 잠자리 독서는 불을 끈 후 시작돼요. 불 끄기 전에 그림책을 실컷 읽어 줘서 저는 이미 목이 아픈데 아이는 불 끈 후의 이야기 시간을 더 좋아합니다. 제가 처음 아이에게 들려준 이야기는 헤어졌던 쌍둥이 자매가 여름 캠프에서 다시 만나는《로테와 루이제》(에리히 캐스트너(김서정 옮김), 시공주니어, 2018)였어요. 다른 이유는 없었습니다. 그즈음 저희 반 아이들과 온책읽기를 하고 있던 책이라 제 기억에 가장 선명하게 남아 있었거든요. 그런데 아이가 어찌나 좋아하는지 "엄마, 그래서? 그다음에 어떻게 됐는데?" 하며 안달을 부렸습니다. 저는 그때 깨달았어요. 아이의 눈앞에 그림이 펼쳐지지 않아도, 여섯 살 수준에 맞지 않아도 이야기 자체에 빠져든다는 것을 말입니다. 피곤과 졸음이 몰려온 제가 "엄마 오늘 이야기보따리 바닥났다. 내일 또 들려줄게."라고 하면 아이는 "엄마, 내일 밤 되기 전에 이야기보따리 가득 채워 놔. 꼭! 응?" 하고 다짐을 받아 냅니다.

공감 능력과 창조적 상상력

이야기책이 단순히 재미있기만 하느냐, 그렇지 않습니다. 이야기책의 쓸모는 더 많습니다. 가끔 "선생님, 우리 애는 이야기책만 읽어

서 걱정이에요. 지식책도 좀 읽고 골고루 보면 좋겠어요."라고 말씀
하시는 어머님들을 뵙는데요, 저는 그런 어머님들께 "책을 안 읽는
게 걱정이지, 이야기책만 읽는 건 걱정하지 않으셔도 됩니다."라고
안심시켜드립니다.

이지성은 그의 책 《에이트》(차이정원, 2019)에서 '인공지능에 대체되
지 않는 능력 즉, 인공지능의 주인이 되는 능력 두 가지는 바로 공감
능력과 창조적 상상력이다.'라고 했습니다. 그렇다면 이러한 공감 능
력과 창조적 상상력은 어떻게 얻을 수 있을까요? 저는 이야기책에
그 해답이 있다고 생각합니다.

공감이란 남의 감정, 의견, 주장 따위에 대하여 자기도 그렇다고
느끼는 것입니다. 사실 일상생활에서는 이 공감 능력을 발휘하기가
쉽지 않아요. 내 감정, 내 의견이 우선이고 상대방의 그것은 뒷전입
니다. 좁은 인간관계에서 매일 비슷한 상황을 경험하기 때문에 인
간의 감정이 얼마나 다양한지 몰라요. 그런데 이야기책은 다릅니다.
《샬롯의 거미줄》(엘윈 브룩스 화이트(김화곤 옮김), 시공주니어, 2018)에서 윌버
의 목소리를 들으면 윌버 말이 맞는 것 같고, 템플턴의 목소리를 들
으면 템플턴이 안쓰러워져요. 갈등 관계에 놓인 양쪽의 목소리를 다
들려주기 때문에 다른 사람의 마음도 소중하다는 걸 알게 됩니다. 가
출한 소년, 학교폭력 피해자, 자폐아, 심장이 아픈 아이, 누명을 쓰고
하루 종일 구덩이를 파는 아이 등 우리가 평소에 접하기 어려운 삶을

엿보는 것도 이야기책의 매력입니다. 이야기책에는 다양한 상황과 등장인물의 감정이 생생히 묘사돼 있어 인간에 대한 배움이 저절로 이루어지지요.

창조적 상상력은 어떤가요. 저는 이 세상 모든 직업인 중에 창조적 상상력이 가장 뛰어난 사람은 바로 '동화작가'라고 생각합니다. 아무것도 없는 백지 위에 배경을 설정하고 등장인물을 만들고 사건을 이어 가는 과정은 대체 얼마나 어려울까요? 창조적 상상력 없이는 결코 불가능한 작업입니다. '세기의 이야기꾼'이라는 평가를 받고 있는 로알드 달의 《찰리와 초콜릿 공장》(시공주니어, 2019)은 그야말로 상상의 세계입니다. 초콜릿 강물, 초콜릿에 넣을 호두를 까는 다람쥐, 코스 요리의 다양한 맛을 즐길 수 있는 껌은 아이들의 상상력을 자극하지요. 읽으면서 궁금해집니다. '실제로 이런 걸 만들 수 있을까?', '만들려면 어떤 재료가 필요할까?', '만들고 나면 문제가 생기진 않을까?' 누가 상상해 보라고 시키지도 않았는데 자연스럽게 생각이 이어집니다.

이야기책만 읽으면 편독 아닌가요?

지난해 제 최고의 책 친구는 옆 반 선생님이었습니다. 둘 다 어린이 책에 관심이 많아 열심히 읽고 서로 추천해 주었어요. 학교 도서관에서 빌린 어린이 책, 동네 도서관에서 빌린 어른 책, 그리고 옆 반 선생님이 빌려 준 책까지 교실 책장 한편에 무섭게 쌓여 갔습니다. 책장에 다 꽂지 못해 책 탑을 쌓아 올렸어요. 그 많은 책 중에 우선순위를 정해야 하잖아요? 저는 이야기책부터 골라 읽었습니다. 아이스크림 케이크에서 제일 좋아하는 초코 맛부터 골라 먹듯이 말이에요. 골라 읽고 남은 책들을 보니 과학, 경제, 사회, 예술 관련 지식책이었습니다. 어서 읽고 돌려 드려야 하는데 시간이 지나도 손이 가지 않았어요. 제목만 봐도 나에게 뭔가를 가르치려는 책 같아서 숙제처럼 느껴졌습니다. 아이들도 그래요. 과학에 관심 있는 친구에게 과학책을 들이밀면 신나서 읽겠지만, 그렇지 않은 친구에게 과학책은 그냥 짐이에요. 선생님이나 엄마가 주니까 받아 들기는 하는데 어딘가에 방치해 둡니다. 저는 그런 책은 권하고 싶지 않았어요. 어차피 '내 관심 분야'의 책은 누가 강요하지 않아도 스스로 찾아 읽거든요. 아이마다 관심사가 다 달라서 교사 한 명이 다 만족시켜 줄 수도 없습니다.

신기한 것은 이겁니다. 이야기책에서 시작된 인간에 대한 관심은 세상에 대한 관심으로 뻗어 나가요. 이야기책이 불러일으킨 작은 호기심이 다양한 영역으로 확장됩니다. 《몽실 언니》의 몽실을 만나면 한국전쟁이 궁금해지고, 《책과 노니는 집》(이영서, 문학동네, 2017)의 장이를 만나면 조선 시대에 도대체 왜 그렇게 천주교를 탄압했는지 알고 싶어져요.《열두 살에 부자가 된 키라》를 읽으면 돈과 경제에 관심이 생기고,《유진과 유진》(이금이, 밤티, 2020)을 읽으면 아동 성폭력이라는 사회문제가 마음에 박힙니다. 저도 그랬어요. 이야기책을 읽고 '아, 재미있었다.' 하고 그냥 끝난 적은 거의 없었습니다. 역사적 배경이 궁금해서 늦은 밤까지 인터넷 자료를 뒤적이기도 했고, 비슷한 주제의 다른 책을 빌려 읽기도 했습니다. 한 권을 제대로 읽고 깊이 공감하면 사고와 관심의 확장은 저절로 따라와요. 편독에 대한 걱정은 접어 두셔도 좋습니다.

지식책을 읽고 다양한 지식을 쌓는 것보다 먼저인 것이 있습니다. 바로 올바른 가치관의 확립입니다. 이야기책에는 많은 등장인물이 있어요. 아이들은 읽으면서 동일시 대상을 찾습니다. '나는 누구와 닮았는가?', '누구와 닮고 싶은가?', '적어도 누구처럼은 행동하지 말아야지.'라는 생각이 들지요. 그러한 생각들이 켜켜이 쌓이고 다소 무너지고 다시 쌓이는 과정에서 아이들은 비로소 변하지 않는 가치를 발견합니다. 옳은 것과 옳지 않은 것을 구분하는 눈이 생겨요. 내가 해야 할 일과 하면 안 되는 일에 대한 분명한 기준을 세워야 합니다. 지식은 그다음 문제입니다.

'책소시'로 유혹하세요

정말 재미있는 이야기책을 던져 줬는데도 아이가 안 읽는다면 어떻게 해야 할까요? 저는 책을 소개하는 시간, '책소시'를 준비합니다. 이것은 영화의 예고편이나 아이스크림 가게의 맛보기 스푼과 같습니다. 길 필요가 없어요. 짧지만 강력하게 어린이 독자를 유혹해 읽고 싶은 마음이 들게 하면 됩니다. 제가 저희 반에서 활용하는 몇 가지 방법을 알려 드릴게요. 책에 따라 또는 아이의 성향이나 상황에 따라 적절히 따라해 보시기 바랍니다.

하나, 제목과 표지를 눈여겨보세요. 책의 제목과 표지는 작가와 출판사가 제일 공을 들이는 부분입니다. 책의 가장 중요한 메시지를 담고 있으며 독자의 관심을 끌 만한 다양한 요소를 품고 있지요.

《불량한 자전거 여행》(김남중, 창비, 2009)의 제목과 표지를 살펴볼까요? 자전거 여행이라면 분명 신나거나 혹은 힘들 텐데 '불량'하다고 표현합니다. 대체 자전거 여행이 왜 불량할까요? 불량은 아이들이 떠올리는 자전거 여행의 이미지와는 다른 단어이기 때문에 호기심을 갖게 만듭니다. 표지 속 호진이 표정을 보면 비장해 보이기도 하고 화난 것처럼 보이기도 합니다. 호진이 뒤에 펼쳐진 배경을 보면 시멘트로 만든 노란 구조물이 보입니다. 집 근처에서 쉽게

볼 수 있는 풍경이 아니에요. '이런 걸 어디서 봤더라?' 하고 아이들은 골똘히 생각합니다.

둘, 작가의 이야기를 들려주세요. 아스트리드 린드그렌은 아파서 누워 있는 딸에게 이야기를 들려주었습니다. 어디서 들은 이야기가 아니라 그 자리에서 만들어 낸 이야기는 엉뚱하고 새로웠어요. 몇 년 뒤 그녀가 발을 다쳐 움직이기 불편했을 때 아이들에게 했던 이야기를 책으로 바꾸는 작업을 했고, 후에 《내 이름은 삐삐 롱스타킹》이라는 제목으로 출간됩니다. 그녀는 100권이 넘는 작품을 남겼고, 그녀의 작품은 전 세계 독자들의 엄청난 사랑을 받았어요. 스웨덴 정부는 그녀의 업적을 기리기 위해 아스트리드 린드그렌상을 만들었습니다. 우리나라에서는 《구름빵》(한솔수북, 2019)의 백희나 작가가 지난 2020년 3월에 이 상을 받았습니다. 보통 책날개에는 작가의 이력이 적혀 있지만 사실 아이들은 눈여겨보지 않거든요. 엄마가 말로 들려주면 좋아합니다.

셋, 책과의 만남을 떠올려 보세요. 다음은 제가 아이들에게 들려준 책과 얽힌 사연입니다.

"선생님이 작년 6학년 학생들과도 《로테와 루이제》를 함께 읽었어요. 첫 번째 챕터를 읽어 주고는 집에 가서 마저 읽어 보라고 했지요. 그런데 쉬는 시간에 한 여학생이 선생님한테 와서 이 책과 비슷한 영화를 봤는데 제목이 기억나지 않아 답답하다고 했어요. 선생님은 그런 영화가 있는지도 몰랐고, 그 학생의 답답함을 해결해 줄 수 없었지요. 그런데 바로 다음 날 그 학생이 영화 제목을 알려 주었어요. 알고 보니 책 제목과 영화 제목이 달랐던 거예요. 선생님은 곧바로 우리 학교 사서 선생님께 DVD 구입 신청을 했고, 책을 다 읽은 날 영화도 함께 보았어요. 책이 영화감독 눈에 띄어서 영화로 만들어지려면 진짜 재미있어야 하거든요. 재미 보장! 감동 보장! 어때요? 한 번 읽어 볼래요?"

이유 없이 내게 오는 책은 없습니다. 길든 짧든 어떤 사연을 가지고 책과 만나게 됩니다. 아이에게 엄마가 그 책과 만나게 된 사연을 들려주세요. '추천도서목록에 있어서'나 '수상작이라서'도 사연이라면 사연입니다. 추천도서목록의 출처는 어디인지, 또 다른 읽을 만한 책은 무엇이 있는지 다음 독서를 계획해 보세요. 추천도서목록도 잘만 활용하면 아이들을 책의 세계로 유혹할 수 있습니다. 저는 우리 학교 도서관 추천도서목록을 자주 들여다봅니다. 특정 출판사나 단체의 이익이 개입되어 있지 않으니 믿을 수 있거든요.

수상작이라면 책 어딘가에 심사평이 있어요. 이 심사평을 함께 읽어 보는 것도 좋고 같은 상을 받은 다른 작품을 찾아보는 것도 재미있습니다. 저는 한동안 뉴베리상(해마다 미국 아동 문학 발전에 가장 크게 이바지한 작가에게 주는 아동 문학상. 출처: 네이버 지식백과)과 황금도깨비상(1992년에 비룡소가 국내 어린이 문학계 최초로 설립한 어린이 문학상. 출처: 비룡소 홈페이지)

수상작을 닥치는 대로 읽었는데요, 읽으면서 느낀 점은 '역시 수상작은 다르다'였답니다.

넷, 마인드맵을 그려 주세요. 거창하게 그릴 필요 없습니다. 사실 저도 멋지게 못 그려요. 사건의 배경과 인물관계를 중심으로 그려 봅니다. 방송사 드라마 홈페이지에서 화살표를 활용한 인물관계도를 보신 적이 있나요? 무척 흥미롭잖아요. 눈에 잘 들어와서 이해하기도 쉽습니다. 다음은 제가 《담을 넘은 아이》를 소개하며 칠판에 그려 준 마인드맵입니다. 쓱쓱 그리면서 짧은 이야기도 덧붙이면 아이들이 눈을 반짝입니다.

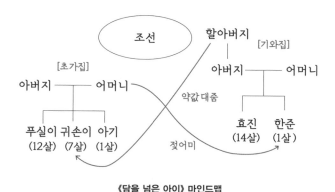

《담을 넘은 아이》 마인드맵

다섯, 갈등이나 문제 상황만 들려주세요. 스포일러는 금지입니다. 사건이 시작되는 부분을 들려주되 긴장감과 궁금증을 활용하면 읽고 싶어 안달이 납니다. 다음은 제가 책소시 시간에 아이들에게 들려준 《손도끼》의 문제 상황입니다.

"브라이언은 평범한 열세 살 소년입니다. 엄마 아빠가 헤어져서 따로 살지요. 평소에는 엄마랑 미국에서 살다가 방학 때는 캐나다에 가서 아빠랑 지내요. 어느 날 비행기를 타고 아빠에게 가는 길에 조종사가 갑자기 가슴을 움켜쥐고 '억' 하며 쓰러졌어요. 어떡하죠? 브라이언은 비행기 운전도 못 하고, 자기가 지금 어느 나라의 하늘 위에 있는지도 몰라서 구조 요청을 할 수도 없어요. 곧 비행기의 연료도 바닥날 텐데 비행기는 어디로 추락하게 될까요? 브라이언은 과연 살 수 있을까요?"

여섯, 앞부분을 통째로 읽어 주세요. 아이는 읽기를 혼자 시작하지 않아도 되니 좋고, 엄마 또한 따로 준비할 것이 없어 쉬워요. 간단하지만 효과는 강력합니다. 제가 교실에서 자주 활용하는 방법이에요. 책 읽어 주는 건 저학년 때나 하는 것 아니냐고요? 아닙니다. 저는 5학년이든 6학년이든 매년 읽어 줍니다. 그림책이든 문고판이든 수시로 읽어 줍니다. 아이들이 얼마나 좋아하는지 몰라요. 뒷부분도 선생님이 읽어 달라고 조릅니다. 읽는 것보다 듣는 것이 더 편하고 이해도 잘 되기 때문이에요. 아무래도 아이들보다는 제가 의미 단위로 끊어 읽기를 잘해서 읽기 모범을 보여 주는 데도 유용합니다. 가끔 과장된 표정이나 몸짓으로 재미도 챙깁니다. 평소에 유머 감각이 부족한 저는 이 기회를 놓치지 않아요.

생각해 보니 저는 어릴 때부터 이야기꾼의 자질이 꽤 있었던 것 같아요. 남들 앞에 나서는 걸 부끄러워하면서도 친한 친구들에게 이야기 들려주는 것은 좋아했습니다. 고등학교 1학년 때 〈고스트〉라는 드라마가 있었어요. 귀신과 퇴마사가 나오는 내용이었는데 자율학습 시간마다 친구들을 모아 놓고 전날 본 드라마 이야기를 들려주었어요. 아니 제가 친구들을 모은 게 아니고, 제 이야기가 시작되면 친구들이 모여들었습니다. 공부도 해야 하는데 한 시간짜리 드라마를 다 들려줄 순 없잖아요. 몇몇 장면이나 대사만 얘기해도 친구들은 금세 이야기에 귀를 기울였습니다. 그러고는 다음 날부터 그 드라마의 열혈 시청자가 되었지요. 이야기꾼이 미처 들려주지 못한 숨은 이야기가 궁금했던 겁니다. 이게 바로 '맛보기'의 힘 아닐까요? '책소시'를 통해 아이들에게 책의 맛을 보여 주세요.

재미있는 이야기책으로 독서를 시작하고, '책소시'로 독서에 빠졌다면 이제는 그것을 유지할 차례입니다. 책 한 권을 다 읽어 냈다는 것이 얼마나 대단한 일인지 자기 자신은 물론 다른 사람과도 나눌 수 있게 해 주세요. 이 시끌벅적한 기쁨의 시간이 독서를 지속하게 하는 힘이 됩니다.

완독의 기쁨 나누기

독서 골든벨

독서 골든벨은 항상 나쁜 독후 활동의 예시로 꼽힙니다. 저는 이게 늘 아쉬웠어요. 실제로 교실에서 해 보면 아이들이 무지무지 좋아하거든요. 다음은 《찰리와 초콜릿 공장》을 읽고 제가 만든 독서 골든벨 문제입니다.

"찰리네 집에 있는 유일한 가구는 무엇인가요?"

이 문제는 단순 암기를 위한 문제일까요? 그렇지 않습니다. 이제 책의 일부를 보여 드릴게요.

방이 두 개뿐인 집에 살림이라야 침대 하나가 전부다. 당연히 침대는 나이 많고 힘없는 할아버지와 할머니들에게 돌아갔다. 기력이 없는 할아버지와 할머니들은 그 침대를 벗어나는 법이 없었다. 침대 한쪽으로 조 할아버지와 조세핀 할머니가 함께 눕고, 다른 한쪽에는 조지 외할아버지와 조지아나 외할머니가 누워 있었다.

　책을 읽으면서 장면을 상상한 어린이라면 '살림이라야 침대 하나가 전부다.'라는 내용을 암기하지 않아도 문제를 읽자마자 답이 떠오릅니다. 읽으면서 '찰리네 집이 찢어지게 가난하구나. 그래도 서로 함께하는 따뜻한 마음이 있구나.'라고 생각한 어린이라면 답을 고민하지 않습니다. 저도 이 장면이 하도 생경해서 지금껏 기억하고 있어요. 사돈끼리 한 침대에 마주 보고 누워 있으니 얼마나 이상해요.
　독서 골든벨을 진행하면서 문제를 내고 정답을 맞히는 데만 시간을 보내진 않습니다. 문제는 15개 내외인데 40분이 꼬박 걸려요. 문제 하나가 대화의 소재가 되어 많은 이야기가 오고 갑니다. 어떤 이야기를 나눌까 미리 계획하지 않아요. 독서 골든벨을 하다 보면 아이들도 저도 얘기가 술술 새어 나옵니다. 같은 장면을 떠올리며 저마다의 생각과 느낌을 나누느라 바빠요. 가끔 독서 골든벨이 끝나고 저에게 와서 "선생님, 저 이 책 다시 빌려 가서 마저 읽고 돌려 드려도 될까요?"라고 묻는 아이들이 있습니다. 정해진 시간 내에 미처 읽지 못하고 일단 반납은 했는데 선생님과 친구들의 대화를 들어 보니 책 내용이 궁금한 거예요.

가정에서 독서 골든벨을 활용한다면 부모와 아이 모두 문제 만들기에 참여해 보세요. 교실에서도 아이들에게 직접 문제를 만들어 보게 하면 저보다 더 잘 만듭니다. '친구들이 모두 틀릴 만한 문제를 내야지.' 하는 아이는 없어요. 대부분은 자신이 가장 인상 깊었던 장면을 이용하여 문제를 만들기 때문에 아이들의 마음도 들여다볼 수 있습니다.

영화 보기

준비는 쉬우면서 아이들이 아주 좋아하는 이벤트는 바로 '영화 보기'입니다. 책보다 영화를 먼저 보여 주지는 마세요. 《아몬드》(손원평, 창비, 2017)에서 주인공 윤재는 이렇게 말합니다.

영화나 드라마 혹은 만화 속의 세계는 너무나 구체적이어서 더 이상 내가 끼어들 여지가 없었다. 영상 속의 이야기는 오로지 찍혀 있는 대로, 그려져 있는 그대로만 존재했다. …(중략)… 책은 달랐다. 책에는 빈 공간이 많기 때문이다. 단어 사이도 비어 있고 줄과 줄 사이도 비어 있다. 나는 그 안에 들어가 앉거나 걷거나 내 생각을 적을 수도 있다.

아이들이 책 속 빈 공간에서 자신만의 세계를 만들어 갈 충분한 시간을 준 이후에 영화를 보여 주세요. 아이들은 자신이 읽은 글이 어떤 이미지와 소리로 바뀌는지 무척 궁금해합니다. 그래서 책을 먼저 읽고 영화를 보면 훨씬 더 집중을 잘해요. 보고 나서 나눌 대화도 더 풍성해지지요. 다음은 제가 아이들과 함께 책을 읽고 난 후에 본 영화 목록입니다.

책을 먼저	영화는 나중에
《우아한 거짓말》	〈우아한 거짓말〉(이한 감독, 2013)
《샬롯의 거미줄》	〈샬롯의 거미줄〉(게리 위닉 감독, 2006)
《마당을 나온 암탉》	〈마당을 나온 암탉〉(오성윤 감독, 2011)
《로테와 루이제》	〈페어런트 트랩〉(낸시 마이어스 감독, 1998)
《마틸다》	〈마틸다〉(대니 드비토 감독, 1996)
《찰리와 초콜릿 공장》	〈찰리와 초콜릿 공장〉(팀 버튼 감독, 2005)
《내 친구 꼬마 거인》 (로알드 달(지혜연 옮김), 시공주니어, 2001)	〈마이 리틀 자이언트〉 (스티븐 스필버그 감독, 2016)
《구덩이》 (루이스 새커(김영선 옮김), 창비, 2013)	〈홀즈〉 (앤드류 데이비스 감독, 2003)
《아름다운 아이》 (R. J. 팔라시오(천미나 옮김), 책과콩나무, 2012)	〈원더〉 (스티븐 크보스키 감독, 2017)
《완득이》 (김려령, 창비, 2014)	〈완득이〉 (이한 감독, 2011)

작가와의 만남

찾아보면 동네 도서관이나 문화센터에서 하는 작가 강연이 많습니다. 내가 본 책의 작가를 만나고 오면 그 책은 더 이상 평범한 책이 아닙니다. 어린이와 책의 관계가 특별해지지요. 저도 동네 도서관 홈페이지를 유심히 보고 관심 있는 분야의 작가가 오면 참가 신청을 했어요. 텔레비전이나 유튜브로 보는 것과 직접 만나는 것은 비교할 수 없습니다. 가기 전에 책을 꼭 사서 사인받을 준비도 하고 질문도 한 가지씩 생각해서 갔어요. 작가의 사인을 받은 책은 두고두고 애착이 생겼고 작가의 다음 신간도 기다려졌지요. 독서를 지속하게 하는 힘이었어요. 질문은 준비해 간 것을 하기도 하고 강연을 들으면서 생긴 궁금증을 즉석에서 해결하기도 했어요. 낯선 공간과 낯선 사람들이 주는 긴장감에 목소리가 덜덜 떨리기도 했지만, 그 순간 작가와의 눈맞춤이 주는 특별한 느낌 때문에 포기할 수 없었답니다. 혼자 가도 좋았는데 나중에 딸아이와 함께 가면 얼마나 더 좋을까 기분 좋은 상상을 해 봅니다.

동네 도서관의 작가 강연은 대부분 평일 낮에 해요. 워킹맘인 저는 쉽게 참여할 수 없죠. 그래서 저는 기회를 직접 만들기도 했어요. 학교에서 학부모회 업무를 맡고 있을 때 그 세부업무로 학부모 교육이 있었는데 평소 존경하던 송재환 선생님을 초청했습니다. 《초등 1학

년 공부, 책 읽기가 전부다》(위즈덤하우스, 2019), 《초등 고전 읽기 혁명》
(글담, 2011)등 선생님의 책을 읽고 독서 교육에 큰 도움을 받았거든요.
책날개에 있는 선생님의 소속 학교로 무작정 전화를 걸었습니다. 작
가에 대한 애정이 이렇게 무섭습니다.

이미지로 기록하기

현재 저의 독서를 자극하는 가장 큰 힘은 바로 SNS입니다. 책을 다
읽고 나면 책 표지와 가장 인상 깊었던 페이지를 사진 찍어 SNS에 올
립니다. 이미지가 중심이고 글은 최대한 짧게 기록합니다. 기록의 힘
은 정말 놀라웠어요. 처음에는 읽은 기억이 날아가는 게 아까워서 기
록하기 시작했는데, 나중에는 기록하기 위해 책을 부지런히 읽기도
했습니다.

저는 종이에도 기록을 남기는데요, 읽으면서 큰 깨달음을 얻은 문
장, 지금 당장 실천하고 싶은 문장, 아름다운 문장을 노트에 옮겨 적
어요. 필사하면서 책의 문장을 머리와 가슴에 단단히 붙들어 매려 애
씁니다. 필사가 끝나면 저의 감상이나 평가를 간단히 적어요. 이게
제 독서 노트입니다. 그런데 이렇게 종이에 남긴 기록은 나중에 다시
보려면 마음먹고 시간과 노력을 들여야 해요. 하지만 이미지로 남긴

기록은 다시 보기 수월합니다.

독서 기록을 SNS에 남길 때 반드시 주의할 점이 있습니다. 첫째, 시간을 너무 많이 빼앗기지 않도록 합니다. 길게 쓰지 마세요. 감상의 핵심만 씁니다. 둘째, 보여 주기 위한 기록을 경계합니다. 사람들은 생각보다 내 글에 관심이 없어요. '좋아요' 수가 100이라고 해서 100명이 모두 내 글을 꼼꼼하게 읽은 것은 아닙니다. 그러니 누군가를 위한 기록이 아닌 나를 위한 기록이라는 전제를 잊지 말아야 합니다.

독서 시간 만들기

시간을 정해서 읽기

독서를 가로막는 가장 큰 장애물이 무엇일까요? 바로 시간입니다. 아이들에게 왜 책을 읽지 않느냐고 물어보면 "책 읽을 시간이 없어요."라는 대답이 돌아옵니다. 그럼 저는 조금 단호하게 말합니다. "책은 이것저것하고 남는 시간에 읽는 게 아니라, 책 읽을 시간부터 따로 마련해야 하는 거야."라고요.

저는 학교에서 아이들에게 책 읽는 시간을 정해 줍니다. 매일 아침 8시 50분부터 9시까지 책을 읽어요. 우리는 이 시간을 '행복한 아침 독서'라고 부릅니다. 저도 이 시간에 꼭 함께해요. 교내 메신저에 업무 쪽지가 쌓여 있어도, 이런저런 걱정으로 머리가 복잡해도 일단 아이들 앞에서는 책을 펼친 모습을 보여 줍니다. "책상 서랍에 읽을 책을 꼭 준비해 두세요."라고 여러 번 강조했지만, 처음부터 잘 되진 않았습니다. 시간이 되면 그제야 학급문고를 기웃거리며 책을 찾는 친구도 있고, 책만 펼쳤지 생각은 다른 곳에 가 있는 친구도 있어요. 하지만 기다렸습니다. 익숙해지길 기다렸어요. 아침 독서는 곧 습관이 되었고 아이들은 그 시간을 소중히 여겼어요. 어느 날은 학급회의 주제로 '우리 반이 책을 읽을 때 다른 반 친구들이 복도를 지나가면서 자꾸 들여다보거나 시끄럽게 한다. 어떻게 하면 좋을까?'를 선정했어요. 여러 가지 논의 끝에 아이들은 모둠별로 포스터를 만들어 복도에 붙였습니다. 그야말로 진풍경이었지요.

그리고 매주 월요일 1교시는 도서관으로 가요. 도서관에서 독서지도를 따로 하지는 않습니다. 그저 제가 좋아하는 책을 골라 아이들 옆에서 읽습니다. "각자 책을 골라 읽으세요."라고 했더니 아이들이 처음에는 당황했습니다. 책을 고르는 데도 한참이 걸렸고, 모든 아이가 책에 집중하는 분위기를 만드는 것도 어려웠어요. 하지만 매주 하다 보니 습관이 되었습니다. 습관이 되고 나면 쉽습니다.

집에서는 아이가 잠들고 나서야 제 책을 읽을 시간이 생깁니다. 이 시간만을 기다려 왔는데 몸이 따라 주지 않습니다. 하루의 피로가 몰려와 꾸벅꾸벅 졸았습니다. 그래도 다음날이면 또 책을 펴고 식탁에 앉았어요. 이것 역시 습관이 되었습니다. 그렇게 10시에서 12시까지 저만의 독서 시간을 확보했어요. 새해 목표를 세울 때 더 이상 '책 많이 읽기'는 넣지 않습니다. 책을 읽는 것이 그저 평범한 루틴이 되었으니까요.

사실 시간이 부족하다는 것은 핑계입니다. 코로나19 때문에 학교도 못 가고 학원도 못 가 시간이 남을 때 아이들이 책을 찾아 읽던가요? 부족한 건 시간이 아닌 습관의 힘인 것이지요. 독서광으로 유명한 빌 게이츠는 그만의 독서 원칙이 있다고 합니다. 평일에는 1시간, 주말에는 3~4시간씩 꼭 책을 읽는대요. 빌 게이츠가 우리보다 덜 바빠서 시간이 남았을까요? 아닙니다. 책 읽을 시간부터 먼저 챙겨 둔 것이지요.

자투리 시간 활용하기

'10분씩 여섯 번만 모이면 한 시간이다. 틈새 독서를 노리자.' 제가 하루 종일 품고 있는 생각입니다. 틈새 독서를 위해 저는 두 가지 방법을 활용해요. 하나는 책을 여기저기 들고 다니는 겁니다. 언제 자투리 시간이 생길지 모르니 가방에 항상 책 한 권씩 넣어서 다닙니다. 갑자기 누군가를 기다릴 일이 생길 수도 있거든요.

다른 방법은 독서대를 여러 개 준비하는 거예요. 학교 책상에도 독서대가 있고, 집 식탁에도 독서대가 있어요. 항상 책을 펼친 채로 독서대에 꽂아 둡니다. 업무 중간중간 머리를 식힐 겸 5~10분씩 책을 읽거나 찌개가 끓기를 기다리면서, 냉동된 생선이 녹기를 기다리면서 잠깐 식탁에 앉아 책을 봅니다. 아이 숙제를 봐줄 때도 책을 읽어요. 아이한테 집중하지 않고 왜 책을 보느냐고요? 아이에게 방법을 알려 준 후 스스로 해결하는 시간마저도 아이를 쳐다보고 있으면 안됩니다. 아이를 기다리는 동안 엄마는 엄마의 책에 눈길을 주면 아이도 자기 몫을 잘 마무리하더라고요. '왜 이걸 빨리 못하지?' 하는 엄마의 조바심도 내려놓을 수 있고요.

　일곱 살 딸아이와 식당에 갈 때 에코백에 그림책 몇 권을 담아 갑니다. 음식을 기다리는 동안 식당 구경, 사람 구경, 일상 대화까지 마치면 그림책을 꺼내요. 그림책 읽는 아내와 딸 앞에서 핸드폰을 하는 남편은 없겠지요. 생각보다 음식이 빨리 나와서 중간에 책을 덮어도 괜찮습니다. 뒷이야기를 상상하는 대화는 더 재미있으니까요. 장거리 여행을 가는 자동차 안, 발밑에 책 바구니가 항상 있어요. 아이에게 책을 읽어주면 "엄마, 언제 도착해요?", "도착하려면 얼마나 남았어요?" 하는 그 지루한 물음을 피할 수 있어요. 가끔 남편이 아이보다 더 귀를 쫑긋 세운다니까요. 마흔 넘어도 남이 읽어주는 책은 재미있나 봅니다.

　'틈만 나면' 핸드폰을 하려는 아이들의 모습이 안타까워요. 가족이 같은 공간에 있으면서도 각자 핸드폰에 코를 박고 있는 모습이 아프고 싫어요. 독서대와 에코백, 책 바구니를 활용해서 '틈만 나면' 책을 읽는 가족의 모습을 그려 보세요.

안 좋은 것은 과감히 쳐내기

'몸에 좋은 걸 챙겨 먹으려 하지 말고 안 좋은 걸 먹지 마라.'라는 말이 있지요. 시간도 마찬가지예요. 안 좋은 걸 안 해야 좋은 걸 할 시간이 확보됩니다. 저는 가장 안 좋은 것으로 스마트폰과 학습만화를 꼽아요.

아이들 스스로 스마트폰 사용 시간을 조절할 수 있을까요? 결론부터 말씀드리면 불가능합니다. 누군가는 아이들에게 스마트폰 사용 시간의 자유를 주고 조절력을 기르는 게 올바른 교육이라 하더군요. 남편에게 스마트폰을 자유롭게 쓰게 해 보세요. 알아서 웹툰 그만 보고, 게임 그만하고 집안일을 할까요? 아니에요. 어른도 힘든 게 바로 그 '스마트폰 사용 시간 조절'입니다. 아이에게 스마트폰을 쥐어 주고 전쟁을 피할 궁리를 하면 엄마만 괴로워요. 정확한 시간 제약을 두고 철저히 지키세요. 사용 시간은 적을수록 좋습니다. 거실에 작은 바구니를 하나 놓고 '우리 가족 스마트폰 수거함'으로 만드세요. 어른도 스마트폰을 놓으면 저녁 시간의 질이 달라집니다.

스마트폰 사용 시 가장 많은 시간을 잡아먹는 것이 유튜브와 게임입니다. 유튜브는 세상에 대한 호기심을 해결하고 교육용으로 활용한다 하더라도, 게임은 시작을 안 하는 게 좋습니다. 한 번 중독되면 끊기가 어려워요. 저는 학교에서 아이들을 설득할 때 제 핸드폰 바탕화면을 보여 줍니다. 제 핸드폰에는 게임 앱이 하나도 없어요. "선생님은 게임 중독이 정말 무서워요. 한번 시작하면 눈을 감아도 게임이 떠오르고, 게임을 못 하게 가로막는 사람에게 화가 나죠. 그래서 게임을 아예 시작도 안 한답니다." 그러면 아이들이 물어요. "선생님, 게임을 해야 스트레스가 풀리는데 그럼 스트레스는 어떻게 풀죠?" 스트레스를 푸는 방법이 과연 게임뿐일까요? 스트레스를 푸는 것으로 시작하지만, 게임에 중독이 되면 더 큰 문제들이 생깁니다. "엄마! 한 시간만 더! 삼십 분만 더!" 이 소리가 엄마에게도 큰 스트레스잖아요.

학습만화에 대한 의견도 모두 다른데요, 저는 아이들에게 학습만화를 권하지 않습니다. 물론 유익한 학습만화도 있어요. 하지만 우리 아이들에게는 시간이 그리 많지 않습니다. 유익한 학습만화도 찾아 읽고 다른 책도 읽으려면 시간이 부족해요. 하나를 포기해야 한다면 저는 학습만화를 포기하라고 말합니다. 당장은 짧은 시간에 많은 지식을 안겨 주는 것 같지만 책을 읽으면서 가장 중요한 '생각하기'가 일어나지 않습니다. 단어 하나, 문장 하나 곱씹을 필요가 없고 장면을 상상하는 수고를 하지 않아도 책이 술술 읽힙니다. 이렇게 쉽게 읽히는 책과 친해지면 어려운 책은 점점 멀리하게 됩니다.

가끔 한 번씩 주방 수납장을 정리해 보면 유통기한 지난 것들이 쏟아지죠. 살 땐 맛있어 보이고 한꺼번에 사면 싸니까 쟁여 놓는데 유통기한이 지나면 버려야 합니다. 순식간에 때를 놓쳐 버리죠. 독서도 다 때가 있어요. 바로 지금, 우리 아이가 책을 통해 느낄 수 있는 다양한 감정과 새로운 세계를 놓치지 않도록 도와주시기 바랍니다.

독서의 꽃,
북 토크

북 토크,
왜 해야 하나요?

글보다 말이 쉬워요

책을 읽고 나면 뭐라도 하고 싶지요. 읽기만 하면 뭔가 아쉬워요. 정확히 표현하면 아이들에게 책을 읽히고 나면 뭐라도 시키고 싶습니다. 다 읽고 나서 그냥 책을 덮어 버리면 배움과 깨달음이 날아갈 것 같아 조급해집니다. 인터넷 자료를 검색해 보면 수많은 독후 활동이 있어요. 독후 활동 중에는 물론 생각을 확장시키고 감동을 붙들어 매는 것들도 적지 않습니다. 하지만 이런 것들을 준비하느라 엄마가 먼저 진이 빠지면 안 됩니다. 저도 딸아이와 함께 독후 활동을 많이 해 봤어요. 그럴듯한 사진은 많이 남기지만 결국엔 엄마 만족으로 끝나는 그런 독후 활동 말입니다. 특히나 초등 고학년에게는 화려한 결과물을 안겨 주는 독후 활동보다 알짜배기 독후 활동이 필요합니다. 대표적으로 글쓰기와 독서 토론이 있습니다. 아이들에게는 글보다 말이 쉬워요. 같은 말인데도 '독서 토론'이라고 하면 거부감이 듭니다. 그래서 저는 '북 토크'라는 표현을 써요. 글자 그대로 책book을 읽고 수다를 떠는talk 겁니다. 엄마랑 둘이 해도 좋고, 선생님이나 친구들과 해도 좋습니다.

진짜 재미있게 읽은 책이면 할 말이 쏟아집니다. 숙제로, 공부로, 억지로 독서를 하면 조금이라도 빨리 책장을 덮고 싶어요. 다 읽으려면 얼마나 남았는지 자꾸만 페이지를 체크합니다. 마지막 페이지를 덮고 나면 얼른 확인받고 치워 버리고 싶어요. 그런데 아이 스스로 신나게 책을 읽고 나면 하고 싶은 말들이 흘러넘칩니다. 저도 그래요. 학교 도서관에 책을 반납하면서 사서 선생님을 붙들고 얘기하고 싶어집니다. 이 책의 어디가 좋았는지, 왜 좋았는지 말하다 보면 시간 가는 줄 몰라요. 아이와 북 토크를 할 때 처음에는 정돈되지 않은 말이 나올 수도 있어요. 그래도 괜찮습니다. 말로 쏟아 내고 싶을 만큼 머릿속에 생각이 일어났다는 증거이므로 이미 독서의 목적을 이룬 겁니다.

여기서 한 단계 수준이 높아지면 감상을 넘어 분석과 평가를 하고 싶어집니다. 분석이나 평가는 어른도 하기 어려워요. 하고 싶다고 다 되는 게 아닙니다. 저도 책을 읽고 난 후에 무엇이, 얼마나, 왜 재미있었는지는 거침없이 말할 수 있어요. 그런데 작가의 의도가 무엇인지, 주제를 전하는 방식에 문제는 없는지를 말하라고 하면 쉽게 입을 뗄 수 없습니다. 이럴 때 같은 책을 읽은 다른 사람과 생각을 나누고 비교하면 좋아요. 그래서 북 토크를 추천합니다.

어른이 어린이 책을 읽으면

저는 어린이 책을 읽지 않는 교사였습니다. 독서를 통해 삶의 변화를 경험했고, 책을 전투적으로 읽었지만 어디까지나 성인용 자기계발서나 실용서에 해당하는 이야기였습니다. 아이들에게 독서의 중요성을 강조하고, 날마다 책을 펴고 함께 읽었지만 저는 제 책을 읽고 아이들은 아이들 책을 읽었어요. 같은 책을 읽지는 않았습니다.

2014년의 일로 기억합니다. 그때는 초등학교에도 중간, 기말고사가 있었어요. 학년 공통으로 문제를 냈기 때문에 교사들이 과목을 나누어 맡아 문제를 만들고, 서로 검토하는 식이었지요. 옆 반 선생님이 국어시험 지문에 《종이 봉지 공주》(로버트 문치(김태희 옮김), 비룡소, 2008)의 일부를 넣었는데, 저는 처음 보는 책이었어요. 출제 의도와 딱 맞아떨어지는 그 책을 어떻게 생각해 낸 건지 그 선생님이 탁월해 보였어요. 그림책과 어린이문학에 관심을 두고 적잖이 읽은 다음에야 그 책이 꽤 유명하다는 것을 알게 되었습니다.

어린이 책을 읽지 않았을 때는 아이들의 독서 감상문이 재미없었어요. 그렇다고 독서 감상문 지도를 소홀히 한 것은 아니었어요. 왜 써야 하는지 설득하고, 어떻게 써야 하는지 안내했습니다. 아이들에게 피드백도 열심히 했어요. 잘 쓴 친구의 글을 읽어 주기도 하고, 아이가 쓴 글의 좋은 점을 찾아내 칭찬 댓글도 달아 주었습니다. 그런데 아이들이 읽은 그 책을 저는 읽어 본 적이 없으니 그저 두루뭉술한 칭찬과 공감밖에 할 수 없었어요.

아이들의 독서 감상문에 좀 더 구체적인 피드백을 하기 위해 어린이 책을 읽기 시작했습니다. 물론 제가 아이들이 읽은 책을 모두 따라 읽을 수는 없었어요. 그건 어떤 교사라도 불가능합니다. 하지만 엄마는 가능하죠. 책을 읽으라고 말하는 것보다 책을 읽는 부모의 모습을 보여 주는 게 훨씬 효과적이라는 사실은 이미 알고 계실 거예요. 그런데 어른의 손에 들린 책이 어린이 책이라면 아이들의 관심이 쏠립니다. 도대체 어떤 책이기에 엄마도, 선생님도 저렇게 재미있어 죽겠다는 표정으로 읽을까 궁금해해요.

어린이 책을 많이 읽다 보니 '이 책이랑 비슷한 주제의 책이 있는데 한 번 읽어 볼래?', '와! 이거 선생님도 엄청 궁금했던 책인데 꼭 한 번 읽어 봐야겠다!', '이 작가님 선생님이 진짜 좋아하는 작가님이야!'와 같은 댓글을 써 줄 수 있게 되었습니다. 두루뭉술한 댓글이 사라지니 독서 감상문 공책을 통한 아이들과의 대화도 더 농밀해졌습니다.

좋은 건 이것만이 아니었어요. 어린이 책에는 드라마나 영화 못지 않은 감동과 깨달음이 있었습니다. 주인공의 아픔에 크게 공감하고 그들의 도전과 성장에 가슴이 뜨거워졌습니다. 꿈도 많고 두려움도 많았던 어린 시절의 나, 외롭고 막막했던 사춘기의 나, 피로와 걱정이 깊숙이 밴 엄마로서의 내가 책 속에 모두 있었어요. 책 속에서 나를 만나는 것은 그 자체로 삶의 위로가 되었습니다. 혼자가 아닌 느낌이 들었어요. 과거의 나를 따뜻하게 안아 주고 싶었고 현재의 나에게 이만하면 잘하고 있다고 응원해 주고 싶었습니다. 드라마나 영화가 주는 위로와는 그 결이 달랐어요.

이렇게나 좋은 어린이 책, 한번 읽어 보실래요? 읽고 나서 아이들과 북 토크를 해 보는 건 어떨까요? 어른이 어린이 책을 읽는 모습은 아이를 향한 관심과 사랑의 표현이며 무엇보다 강력한 독서 자극제입니다. 혼자만 읽은 책에 대해 말해 보라고 하면 입을 꾹 닫았던 아이들도 엄마가 같은 책을 읽어 주면 말을 하기 시작해요.

잔소리, 너도 지겹지?
나도 지겨워!

"다음 시간 교과서 미리 올려놓고 놀아요."
"허리 쭉~ 어깨 쭉~ 펴고! 두 눈 반짝!"
"복도에서 뛰지 마세요. 다쳐요."

아이들에게 어제 한 말이자 오늘도 한 말, 내일도 하게 될 말입니다. 제가 하루에 가장 자주 하는 말이에요. 수업시간 외의 일상 대화는 늘 그만그만합니다. 무슨 말을 해도 잔소리라고 느끼는 고학년이기에 어떻게든 참아 보려고 해도 눈에 보이면 말을 안 할 수가 없어요. 집에서도 비슷하지 않나요?

"빨리 먹어. 오늘 늦었어."
"학교에서 선생님 말씀 잘 들었어?"
"게임 시간 끝났으니까 컴퓨터 꺼."
"핸드폰 언제까지 할 거야?"
"내일 숙제 챙겼지?"

믿고 기다려 주는 게 좋다는 건 알겠는데 쉽지 않아요. 믿음을 보여 주려면 서로 말을 아껴야 하는데 참다 보면 속에서 불이 납니다.

일상의 뻔한 대화를 그만두고 싶다면 북 토크를 해 보세요. 엄마의 잔소리와 아이의 말대꾸에 지쳤다면 북 토크를 추천합니다. 북 토크를 하면 새로운 대화가 시작됩니다. 책을 읽고 나누는 대화는 질이 달라요. 책을 읽고 쏟아 내는 아이의 말을 들어 보면 아이의 마음도 보이고 요즘 고민이 무엇인지, 삶의 가치관은 어떻게 만들어져 가는지 알 수 있습니다. 아이들에게 직접 듣기 어려운 대답들을 책의 도움을 받아 한결 쉽게 얻을 수 있어요.

북 토크,
어떻게 하나요?

분위기가 중요해요

　일단 북 토크는 책을 읽고 난 직후에 합니다. 책 읽고 며칠 지나서 "여기 앉아 봐. 그 책에 대해 얘기해 보자." 하면 "몰라, 기억 안 나."라는 대답이 돌아옵니다. 책을 읽고 난 직후에 감동이 최고조에 달했을 때 할 말도 가장 많습니다. 아이가 마지막 책장을 덮었을 때 엄마는 하던 일을 멈추고 들어 줄 준비를 해야 해요.

　시간과 돈을 들여 독서 논술 수업에 보내지 않아도 되고, 에너지를 쏟아 독서 모임을 꾸리지 않아도 됩니다. 엄마와 아이, 둘이서 충분히 가능합니다. 저도 압니다. 제 자식 가르치는 게 세상에서 제일 어렵다는 것을요. 딸아이 다섯 살 때 남들이 다 한글 학습지를 시작하기에 저도 한 권 샀습니다. '마'까지도 못하고 중간에 포기했어요. 시리즈를 한꺼번에 안 사고 1권만 사길 정말 잘했다고 스스로를 칭찬했습니다.

북 토크는 무언가를 가르치려고 하는 게 아닙니다. 그저 책을 읽고 수다를 떠는 것입니다. 따뜻한 차와 쿠키를 앞에 두고 책 이야기를 나누세요. 엄마와 아이 사이에 대화의 양이 균형을 이룰 필요도 없습니다. 한쪽이 더 말을 많이 해도 괜찮아요. 논리적으로 설득하려는 노력도 하지 마세요. 그저 쏟아 내고 그저 들어 주면 됩니다. 내 아이를 가르치려는 사람은 집 밖에도 많습니다.

책을 읽고 이야기를 나누려면 책만 알아서는 안 됩니다. 책보다 중요한 건 아이예요. 아이의 경험, 관심, 고민을 알아야 해요. 우리 아이 전문가는 바로 엄마입니다. 독서 교육 전문가나 학교 선생님보다 엄마가 더 좋은 북 토크 상대가 될 수밖에 없는 이유입니다. 무언가를 가르치겠다는 욕심은 접어 두고 일단 잘 들어 주겠다는 엄마의 태도, 따뜻한 분위기면 북 토크 준비는 끝난 셈입니다.

대체 무슨 말을 해야 하나요?

"그동안 책 읽어 주고 엄마 역할 다한 듯 책장을 덮어 버린 게 정말 미안하네. 지금이라도 북 토크 시작해야지, 하고 마음먹었는데 막상 하려니 무슨 말을 어떻게 해야 할지 잘 모르겠어. 애는 계속 얘기하고 싶어 하는데 나는 얘기하다 보면 자꾸 내 한계가 드러나는 것 같아. 오늘도 얘기하다가 삼천포로 빠지고 그러다 늦어져서 빨리 가서 자라고 했어."

초등학교 4학년 딸을 키우는 친언니의 고민입니다. '계속 얘기하고 싶다'는 것은 아이가 책을 잘 읽었다는 증거입니다. 엄마는 들어 주기만 하면 돼요. 평가하거나 판단하지 말고 잘한다고 추임새 넣으면서 귀를 기울여 주세요. 북 토크는 거창한 독서토론이 아닙니다. 아이의 감상과 경험을 다정하게 들어 주세요.

"그래서 네 생각은 어때? 왜 그렇게 생각했는데?" 하면 아이가 겁부터 냅니다. 특히 그동안 자기 생각을 평가받은 경험이 많은 고학년은 더 큰 두려움을 느껴요. '내 생각이 틀렸으면 어떡하지?' 하고 입을 닫아 버립니다. 북 토크는 편안하면서 깊어져야 합니다. 지식이나 논리보다는 경험 위주로 이야기를 나누세요.

며칠 후 언니에게 또 메시지가 왔습니다. 제가 조카에게 추천했던 《과수원을 점령하라》(황선미, 사계절, 2017)의 표지 사진과 함께 "서윤이가 이 책 보더니 도서관이 너무 싫대."라는 내용이었습니다. 순간적으로 가슴이 철렁했습니다. 책에 아이에게 상처가 될 만한 내용이 있었는지 빠르게 생각해 보았어요. 도대체 무엇 때문에 아이 독서 인생에 적신호가 들어온 건지 걱정이 되었죠. "왜, 왜, 왜?" 저는 다급하게 물었습니다. "시립도서관 스티커 막 붙인다고. 그래서 그림이 안 보인다고." 시립도서관 바코드 스티커 때문에 가려진 인물은 하필이면 이 책의 가장 사랑스러운 캐릭터인 '할머니'였던 것입니다. 그러면서 조카와 함께 인터넷으로 온전한 표지를 찾아보았다고 합니다. 이게 바로 엄마와 아이의 북 토크입니다. 북 토크는 처음부터 정해진 목표를 향해 달려가는 대화가 아닙니다. 그러니 '삼천포로 빠진다'라는 말이 성립되지 않아요. 어떤 이야기가 오고 가도 괜찮습니다.

　종알종알 일상을 이야기하는 것에서 한 단계 더 나아가고 싶다면 책의 내용을 사회 문제와 연결해 보세요. 《괭이부리말 아이들》(김중미, 창작과비평사, 2000)에는 가난한 동네, 가난한 아이들이 나옵니다. '경제적 양극화'라는 사회 문제를 떠올릴 수 있어요. 6학년 1학기 사회 '우리나라의 경제 발전' 단원에서 다루는 주제이기도 합니다. 경제적 양극화가 심해지면 어떤 문제가 발생할지, 이를 해결하기 위해 국회, 정부, 시민 단체 차원에서 어떤 노력이 필요할지 생각해 보면 아이의 시야가 책 밖으로 확장됩니다. 《아주 특별한 시위》(마이클 모퍼고(김은영 옮김), 풀빛, 2011)에는 난민이 나옵니다. 주인공 '아만'이 태어나고 자란 아프가니스탄에서는 탈레반이 모든 것을 파괴했어요. 죽음의 위협을

무릅쓰고 넘어온 영국에서는 어느 날 갑자기 이민자 추방 센터에 억류되었고요. 인터넷 신문이나 뉴스에서 관련 자료를 찾아 이야기하다 보면 지구촌 곳곳의 문제들이 눈에 보입니다.

처음에는 엄마가 더 많이 말해도 됩니다. 아이의 성향에 따라 조절하세요. 대체 무슨 이야기를 어떻게 해야 하나 막막한 분들을 위해 5장부터 9장까지 주제별 책과 북 토크를 실었으니 참고해 보세요.

어떤 책에도 적용할 수 있는
토크 삼총사

제가 아이들과 함께 책을 읽고 나눈 대화를 바탕으로 어떤 이야기 책에도 적용할 수 있는 토크 삼총사를 소개합니다.

하나, '명대사 뽑기'입니다. 영화나 드라마에도 다시 보고 싶은 명대사가 있잖아요? 아이와 박물관이나 미술관을 관람할 때 "가장 마음에 드는 작품을 골라 봐."라고 하면 아이의 관람 집중도가 상승합니다. 제가 뽑은 명대사 한 번 보실래요?

"쓸모없는 아이인 줄 알았는데 뜻밖이구나." 《푸른 사자 와니니》
"당신은 혹시 예비 살인자는 아닙니까?" 《우아한 거짓말》

아이가 뽑은 명대사를 보면 아이의 마음이 머무른 장면이 무엇인지 알 수 있습니다. 알다가도 모르겠는 내 아이 마음을 들여다보는 데 이만한 것이 또 없어요.

둘, '해시태그 달기'입니다. 해시태그는 주로 SNS에서 사용되는데 '#' 뒤에 특정 단어를 넣어 그 주제에 대한 글이라는 것을 알립니다. 아이에게 책을 읽고 그 주제를 한 문장으로 써 보라고 하면 머뭇거리지만 생각나는 단어에 해시태그를 달라고 하면 재미있어해요.

다음은 제가 《안녕, 우주》(에린 엔트라다 켈리(이원경 옮김), 밝은미래, 2018)를 읽고 해시태그를 달아 본 것입니다.

#친구 #우정 #외톨이 #청각장애 #우연 #운명 #점성술 #별자리

하나만 뽑는 게 아니라 여러 개를 뽑기 때문에 정답일까 아닐까 걱정하지 않아요. 아이들이 뽑은 해시태그를 보면 이야기의 주제, 작가의 의도를 잘 파악하고 있는지 알 수 있습니다.

셋, '주인공에게 한마디 하기'입니다. 어린이 책의 주인공은 대부분 어린이 아니면 동물입니다. 그러니 친구에게 한마디 하듯 가볍게 말을 건넬 수 있어요. 칭찬의 말, 위로의 말, 응원의 말, 혹은 원망의 말까지 어떤 말이든 상관없습니다. 《무기 팔지 마세요!》(위기철, 현북스, 2020)의 주인공 보미에게 한마디 하려는데 도저히 한마디에서 끝나지 않습니다.

"세상을 뒤집은 보미야, 나는 네가 정말로 그렇게 세상을 발칵 뒤집을 줄 몰랐어. 나라면 남자아이들의 비비탄 총알 때문에 짜증만 내다가 끝냈을 텐데, 진만이 어머니를 찾아가다니! 너의 용기와 실천이 진짜로 멋져!"

이야기책에서는 등장인물의 말과 행동을 살피면 등장인물이 추구하는 가치관을 알 수 있어요. 아이가 인물의 가치관을 어떻게 평가하는지, 어떤 등장인물을 닮고 싶어 하는지를 보면 우리 아이 삶이 어떤 가치관으로 형성되는지 보입니다.

혹시 위 토크 삼총사의 공통점을 발견하셨나요? 모두 정답이 없는 선택의 문제입니다. 엄마도 아이도 부담 없이 시작할 수 있어요.

북 토크,
글쓰기로 연결하기

글쓰기는 왜 중요한가요?

말은 기억에 쌓이고 글은 기록으로 남습니다. 엄마와 아이의 북 토크만으로 생각하는 힘과 표현하는 힘을 제대로 기를 수 있고, 그 자체로 의미 있는 시간이에요. 여기에 조금 더 욕심을 내어 말을 글로 바꾸어 두면 사고와 논리가 더욱 단단해집니다.

글쓰기 능력을 갖추는 것은 더 이상 선택이 아닌 필수입니다. 글이 평가의 도구가 되었기 때문입니다. 초등학교에서는 5지 선다 시험 문제가 사라진 지 오래입니다. 이것 때문에 엄마들은 내 아이의 실력을 가늠할 수 없다, 서술형 평가는 너무 모호하다고 고민하고 내 아이가 도대체 반에서 어느 정도 하는지 모르겠다고 궁금해합니다. 하지만 교실에서 보면 아이들의 수준 차이는 5지 선다 시험 문제로 평가하던 시절보다 오히려 더 확연해졌습니다. 글쓰기 훈련이 된 아이와 그렇지 않은 아이는 모든 과목에서 뚜렷한 실력 차이를 보입니다. 앞으로도 이런 현상은 계속될 전망입니다.

학교라는 울타리를 벗어나 사회에 진출해서도 글쓰기 능력은 여전히 중요합니다. 제 인생에도 글쓰기 능력이 빛을 발했던 결정적 순간들이 있었어요. 그렇게도 되고 싶었던 초등교사, 그 관문인 교원임용시험의 반이 글쓰기였습니다. 임용시험을 준비하는 친구들 사이에서 글씨 잘 써지는 볼펜 브랜드가 무엇인지 화제에 오를 정도였으니까요. 1차 시험은 각 과목의 수업 장면에서 교육 방법을 서술하는 것이었고, 2차 시험은 교실 속 문제 상황을 해결하기 위한 자신의 의견을 논술하는 것이었습니다. 글쓰기 훈련을 하지 않고서는 통과하기 힘든 시험이었어요.

그걸로 끝이 아니었습니다. 발령을 받고 임상 수업을 했는데 그때는 수업계획서를 작성해서 관리자에게 검사를 받았어요. 저는 어디서 본 듯한 지도안 대신 제 교육철학을 수업 지도안에 녹여 냈습니다. 아이들의 특성을 분석해서 수업 내용을 가장 효과적으로 전달할 수 있는 방법을 고민하고 그 고민을 글로 바꾸었어요. 교감 선생님께서는 제 수업계획서가 인상적이었다며 두고두고 칭찬해 주셨고, 그 일을 계기로 저의 글쓰기 자존감은 높아졌습니다.

이렇게 중요한 글쓰기 능력을 갖추게 하려고 아이에게 자꾸 '뭐라도 써 봐.'라고 강요하는 건 폭력입니다. 아이들에게 일기를 써 보라고 하면 가장 많이 하는 말이 "선생님, 쓸 게 없어요. 어제도 오늘도 똑같은데 대체 뭘 써요?"입니다. 하지만 북 토크를 하면 쓸 거리가 생깁니다. 글보다 편한 말로 생각을 잔뜩 꺼내어 놓으면 그다음에는 표현 방식만 바꾸면 됩니다. 북 토크가 선행되면 글쓰기가 조금 더 만만해져요.

말이 글이 되게 하려면

처음에는 엄마가 북 토크 내용을 다시 떠올려 메모해 주세요. 처음부터 "글을 쓰려면 말부터 해야 한대. 책에 대해 말 좀 해 볼까?" 하면 아이는 도망가기 십상입니다. 북 토크를 글로 연결하려는 엄마의 의도는 살짝 숨겨 주세요. 일단 자유롭고 편안한 분위기에서 아이와 충분히 이야기를 나눈 후에 "아까 그 얘기는 그냥 날려 보내긴 너무 아까워서 말이야."라고 하면서 슬쩍 들이밀어야 합니다.

처음부터 분량이나 형식에 욕심을 내면 안 됩니다. 글은 쓰다 보면 늘어요. 운동도 그렇잖아요. 시작이 어렵지 일단 시작하고 나면 조금씩 나아집니다. 뒷산 오르기로 시작했던 걷기 운동이 습관이 되고 탄력이 붙으면 스스로 시간과 강도를 조절합니다. 저도 필라테스를 처음 시작했을 때는 선생님의 큐 사인을 듣고 몸으로 표현하는 것 자체가 어려웠어요. 속 근육을 쓰라고 하는데 대체 속 근육을 어떻게 쓰라는 건지 아무리 설명을 들어도 모르겠더라고요. 그런데 꾸준히 하다 보니 속 근육을 수축시켜 몸을 움직일 수 있게 되었어요. 무엇이든 꾸준히 하면 성장은 저절로 따라옵니다.

글쓰기가 평가의 도구로 쓰일 때 핵심은 정해진 시간에 정돈된 글을 쓰는 것입니다. 학교에서 서술형·논술형 평가 시간에 아이들을 지켜보면 안타까울 때가 많아요. 잘 쓰고 싶은 마음에 썼다 지웠다를 반복하다 반도 못 채우는 아이, 앞부분에만 잔뜩 힘을 싣고 마무리는 못 하는 아이, 종이는 가득 채웠지만 핵심을 빠뜨린 아이를 보면 도와주고 싶어요.

이렇게 되지 않으려면 두 가지 무기를 갖춰야 해요. 바로 '키워드'와 '개요'입니다. 문제를 파악했다면 문제에서 요구하는 키워드를 찾아내야 해요. 교사들이 평가문제를 만들 때 채점기준표도 함께 만듭니다. 여기에는 모범답안, 인정답안, 키워드가 있어요. 아무리 길게 써도, 화려한 문장력을 보여도 키워드가 빠진 답안은 좋은 점수를 주기 힘들어요. 키워드를 찾았다면 그 키워드를 어떤 순서로 나열할지 개요를 짜야 합니다. 그다음에 글을 써야 헤매지 않아요.

키워드와 개요는 평가 도구로서 글쓰기에만 유효한 게 아닙니다.

제가 지금 쓰고 있는 이 책 역시 제일 먼저 '독서, 북 토크, 고학년, 어린이문학'이라는 키워드를 뽑고 책의 전체 목차부터 계획했습니다.

엄마도 글을 쓰세요

어린이 책을 읽고 아이와 북 토크 하는 것도 이미 힘든데 글까지 쓰라니 너무한 것 아니냐고요? 그 어려운 걸 아이는 계속해야 합니다. 그것도 잘 해내야 하죠. 엄마도 써 봐야 글 한 편 쓰는 게 얼마나 어려운지 공감할 수 있습니다. 저도 이 책을 쓰면서 매일 같이 느끼고 있습니다. 엄마들, 아이들에게 들려주고 싶은 독서 이야기가 태산같이 많았는데 그걸 누군가 '읽을 만한' 글로 바꾸는 작업은 너무나 힘듭니다.

엄마의 글, 엄마가 글 쓰는 모습은 그 자체로 아이에게 본보기가 됩니다. 열 번의 잔소리보다 훨씬 효과적이지요. 저는 교실에서 아이들에게 제 독서 노트나 일기장을 종종 보여 줍니다. 초등학교 2학년 때 쓴 일기장도 해마다 보여 줘요. 어떻게 써야 하는지, 왜 써야 하는지 말로 설명할 때보다 아이들의 반응이 폭발적입니다. 조금 더 가까이, 조금 더 오래 선생님의 글을 보기 위해 고개를 쑤욱 빼내 밀어요. "우와! 선생님이 2학년 때 쓴 글씨가 지금 내 글씨보다 예뻐!", "선생님, 그거 어떻게 안 버리고 모아 뒀어요?", "선생님 진짜 글 많이 쓰셨다!" 여기저기서 들리는 아이들의 칭찬 소리에 제 얼굴이 붉어집니다. 뿌듯해요. 기록하길 잘했다, 모아 두길 잘했다는 생각이 절로 들어요.

엄마의 글은 아이 교육용으로만 쓰이지 않아요. 사실 그보다 더 큰 의미를 남깁니다. 글을 쓰다 보면 잘 쓰고 싶어집니다. 저도 글을 써보기 전에는 몰랐어요. 제 글쓰기의 한계가 그렇게 빨리 드러날 줄은. 한계에 부닥치니 욕심도 생기고 오기도 생겼습니다. 글쓰기 관련 책을 찾아 읽고, 글쓰기 관련 영상을 보면서 공부했습니다. 그러다 보니 더 능동적인 독자가 되었어요. '이런 비유는 정말 배워야겠다.', '어떻게 이런 논리를 생각했지?', '이 부분은 읽는 사람에 따라 거부감을 불러일으킬 수 있겠군.' 이렇게 평가하면서 책을 읽고 있더라고요. 이런 적극적 읽기는 다시 글쓰기를 도왔습니다. 읽기, 생각하기, 쓰기가 순환하며 제 삶을 업그레이드시켰어요.

《트렌드 코리아 2020》(김난도 외 4인, 미래의창, 2019)에 보면 '업글 인간'이라는 말이 나오는데요, 성공보다 성장을 추구하는 새로운 자기계발 형태를 뜻한다고 합니다. 저는 이 말에 힌트를 얻어 스스로 삶의 목표를 '업글 선생', '업글 엄마'로 정했습니다. 어제보다 오늘 조금 더 성장할 수 있는 이유는 제가 매일 읽고, 생각하고, 쓰기 때문입니다.

북 토크,
제가 먼저 해 봤습니다

엄마 친구와 북 토크,
'엄친북'

책을 읽고 이야기를 나누는 일은 제가 늘 하던 거라 특별할 게 없다고 생각했습니다. 학교에서는 6학년 아이들과, 집에서는 일곱 살 딸아이와 함께 읽고 수시로 책 이야기를 나누었으니까요. 그런데 생각해 보니 이 책에서 제안하는 북 토크의 조건과 제 조건이 달랐습니다. 학교에서는 제가 엄마가 아닌 선생님이었어요. 아이의 개별적 특성에 맞춘 대화보다는 책을 중심으로 한 이야기가 흘렀죠. 사춘기로 열병을 앓는 아이들도 선생님 말은 잘 들어 주고 열심히 따라 주었어요. 집에서는 딸아이가 저보다 말을 더 많이 했습니다. 말을 아끼는 열세 살과는 달리 일곱 살은 하루 종일 이야기를 쏟아내거든요.

　조건을 달리해서 북 토크를 해 봐야겠다 마음먹었습니다. '일대일 대화가 가능하고, 초등학교 6학년이며, 엄마의 마음으로 대화를 나눌 만한' 아이가 누굴까 고민했습니다. 근처에 고등학교 동창생이 살았는데 마침 그 아들이 초등학교 6학년이었어요. 생각이 떠오르자 바로 친구에게 전화를 걸었습니다. "내가 10년 뒤에도 아이들과 교실에서 읽을 만한 책 25권을 추렸어. 그 책을 읽고 세진이랑 이야기를 나누고 싶은데 어떨까? 숙제는 없어. 만나도 질문은 안 할 거야. 책을 읽고 와서 그저 내 얘기를 들어 주면 돼."라고 했지요. 친구는 좋은 제안이라며 반가워했습니다. 아이에게 말하고 곧 연락을 주겠다고 했어요. 저는 기다리면서 이 만남의 이름도 지었습니다. '엄마 친구와 북 토크', 줄여서 '엄친북'이라고요. 기다리는 동안 설렜습니다. 이전에 없었던 경험이고 어떤 이야기가 펼쳐질까 궁금했어요. 그런데 아무리 기다려도 친구한테 연락이 오지 않았습니다. 중간에 한 번 더 물어봤지만 결국 이 북 토크는 이루어지지 못했어요.

　그래서 다른 아이를 물색했어요. 딸아이 친구의 오빠가 생각났습니다. 겨울방학을 보내고 있는 예비 중학생이라 그 엄마에게 제안했습니다. 이번에도 역시 엄마는 반겼지만 아이는 대답이 없었어요. 책을 읽고 이야기를 나누는 게 아이들에게는 굉장히 부담이 된다는 것을 알았습니다. 지금 공부하는 양도 감당하기가 버거운데 엄마 친구가 제안하는 시간이 또 하나의 공부처럼 느껴졌나 봅니다.

나침반 상자와
우리 반 북 토크

　의욕적으로 계획했던 '엄친북'을 시작조차 못 하게 되니 몹시 의기
소침해졌어요. 하지만 굴하지 않고 방법을 바꾸어 보기로 했습니다.
우선 교실에 비밀 상자를 하나 만들었어요. 상자에는 개인적으로 소
장하고 있는 어린이 책을 넣었습니다. 아이들에게 빌려주고 북 토크
를 하려고요. 그런데 그냥 빌려주는 것보다 작은 이벤트를 열면 좋겠
다고 생각했어요. 그래서 책마다 명대사를 하나씩 뽑아 상자에 붙이
고, 아이들이 명대사를 고르면 그 책을 빌려주었어요. 책과 함께 명
대사 카드도 빌려주어 책갈피로 쓰도록 했습니다. 선생님이 뽑은 명
대사는 어느 장면에서 나오는 걸까 아이들이 궁금해하고, 자신과 선
생님이 뽑은 명대사를 비교해 보는 것도 재미있겠다 싶었습니다. 나
중에 아이들이 투표를 통해 이 상자의 이름도 지었어요. 어디로 가야
하는지 알려 주는 나침반처럼 우리 삶의 방향을 알려 주는 좋은 책이
많아서 '나침반 상자'래요. 반짝이는 아이디어도, 이걸 뽑아 준 친구
들의 안목도 정말 멋지죠?

책을 빌릴 때는 두 가지 조건이 있어요. 하나는 학급 친구들 모두와 함께 읽고 있는 온책읽기 도서를 먼저 읽어야 한다는 것이고, 다른 하나는 빌린 책을 반납하면 선생님과 단둘이 10분 동안 북 토크를 해야 한다는 것이었죠. 아이들은 말로는 "아! 그거 너무 부담스러워요!" 하면서도 하나둘씩 책을 빌려 갔어요. 처음에는 관심 없어 하던 아이들도 친구들이 책을 빌려 가고 선생님과 둘이 이야기 나누는 걸 보더니 힐긋힐긋 눈과 귀를 기울이더라고요. 그렇게 저희 반 아이들과의 북 토크가 시작되었습니다.

용기 있게 첫 주자로 나선 아이는 저희 반에서 가장 명랑하고 힘찬 보민이였어요. 그런데 막상 조용한 공간에 선생님과 둘만 남게 되자 보민이는 잔뜩 긴장했습니다. 준비한 요구르트와 과자를 잘 먹지 못하더라고요. 무릎 위에 가지런히 놓인 두 손이 보민이의 마음을 보여 주었어요. 아이가 긴장하니 저도 덩달아 갈피를 못 잡았어요. 다음에는 말할 거리를 미리 메모해서 만나야겠다 생각했습니다.

두 번째 만난 아이는 성연이였어요. 성연이는 가정에서 독서지도가 굉장히 잘 이루어지고 있는 아이였습니다. '행복한 아침 독서' 시간에 준비해 오는 책만 봐도 알 수 있었지요. 성연이는 저보다 말을 더 많이 했습니다. 《헨쇼 선생님께》를 빌려 읽었는데 그 책이 특별했던 이유, 기억에 남는 장면, 그리고 선생님에게 추천해 주고 싶은 다른 책까지. 묻지 않아도 이야기가 넘쳤어요.

남경이와의 시간도 기억에 남아요. 남경이는 조용한 아이였어요. 친구들과 있을 때는 재잘재잘 잘도 말하는데 제 질문에는 대답을 안했어요. 한번은 복도에서 넘어져 다쳤는데 옆 반 선생님이 상태를 물어도 입을 꾹 닫고 있더래요. 의사 표현이 힘든 아이라고 생각했습니다. 그런 남경이와 마주 앉으려니 저도 걱정이 많았어요. 그런데 웬걸요. 책 이야기로 시작한 우리의 대화는 끝도 없이 이어졌습니다.

특별한 시간이 주는
특별한 의미

아이들과 북 토크를 하면서 느낀 게 많았습니다. 제가 그동안 아이들을 잘 안다고 착각했어요. 명랑한 아이, 조용한 아이, 적극적인 아이, 소심한 아이라며 아이들을 판단하고 그 프레임을 통해 아이들을 바라본 게 미안했습니다. 아이들은 교실에서 친구들과 함께 있을 때의 모습과 선생님과 둘이 있을 때의 모습이 또 다르더라고요. 북 토크를 통해 아이들과 교실에서 못다 한 이야기를 나눌 수 있어 제게는 정말 특별한 시간이었어요. 엄마와 아이도 그럴 거예요. 일상적인 대화를 나눌 때, 식탁에서 밥을 먹고 텔레비전을 볼 때의 아이와 북 토크를 할 때의 아이는 다를 겁니다. 또 아이마다 달라도 너무 달랐어요. 어떤 아이는 분위기가 편해져야 말을 하고, 어떤 아이는 처음부터 종알종알 많은 이야기를 들려주었어요. 오빠 얘기를 하면서 "오빠가 그렇게 말했어요."가 아니라 연극하듯 오빠의 말을 흉내 내는 아이를 보면서는 감탄했습니다. 어쩌면 숨기고 싶었을 무거운 가족사를 담담하게 말하는 아이를 볼 땐 코끝이 시큰했어요. 이렇게나 다른 아이들을 같은 방법으로 지도하고 있었다는 게 미안해졌습니다. 교육이 개별 지도가 이루어져야 하듯 책 읽기와 북 토크도 마찬가지입니다. 그걸 가장 잘해 줄 수 있는 사람은 바로 엄마예요.

수업하려고 칠판 앞에 섰는데 아이와 함께했던 그 특별한 시간이 아이들 머리 위로 몽글몽글 피어오릅니다. 교실에서도 매일 만나고 대화하는 사이지만 둘만의 공간에서 나눈 둘만의 대화는 그 의미가 또 달랐습니다. 아이들이 전해 준 온기가 제 마음속에 남아 한 명 한 명 더 지그시 바라보게 되었어요.

북 토크가 제게 특별했던 것처럼 아이들에게도 특별했나 봅니다. "선생님! 북 토크 너무 재미있었어요. 또 하고 싶어요." 잔뜩 긴장했던 보민이의 뒤늦은 고백이 이어집니다. "선생님! 나침반 상자에 책을 더 넣어 주시면 안 돼요?" 긴 글 읽기를 어려워했던 남경이가 책 욕심을 냈습니다. 아이들의 달콤한 말은 저를 더 읽게 만들고, 더 좋은 책을 찾고, 더 좋은 독서 지도 방법을 고민하게 합니다. 제가 아이들을 가르치는 게 아니라 우리는 함께 성장하고 있어요.

4

고학년,
아직 늦지 않았어요

독서가 힘든 고학년을 위한
일대일 맞춤 솔루션

고학년인 저희 반 아이들에게 '독서가 힘든 이유가 무엇이니?'라고 물었습니다. 매년 같은 질문을 하고 관찰한 결과 몇 가지 유형으로 나눌 수 있었는데요, 우리 아이는 어떤 유형에 해당하는지 살펴보고 각각의 솔루션을 적용해 보세요.

유형 1.
독서가 두려운 아이

"선생님! 이 책 너무 두꺼워요. 더 얇은 책은 없나요?"

독서 자체를 두려워하는 아이들이 있습니다. 우선은 그 두려움의

원인을 파악해 보세요. 책의 두께 때문에 읽기를 두려워할 수도 있고 읽어도 이해가 안 돼서 답답해서 그럴 수도 있습니다. 저는 두 경우 모두 '분량 정해 읽기'를 추천합니다. 제가 저희 반 아이들과 자주 하는 방법인데요, 책의 목차 페이지에 큰 포스트잇을 붙이고 날짜별로 읽을 분량을 나누어 독서계획표를 씁니다. 그리고 매일 실행 여부를 체크해요. 이렇게 분량을 정해서 읽으면 매일의 성공 경험이 쌓이면서 독서에 대한 두려움을 줄일 수 있어요.

짧다고 무조건 쉬운 책이 아닙니다. 동화 몇 편을 한 권으로 묶은 동화집의 경우 짧은 글에 이야기의 주제를 함축하려다 보니 오히려 더 어려울 때가 많아요. 황순원 단편집《소나기》(다림, 1999)를 한번 읽어 보세요. 어렵습니다. 그러니 아이가 긴 글을 거부한다고 짧은 글을 찾지 말고 분량을 조절해 보세요.

유형 2.
읽을 책이 없다는 아이

"선생님! 집에 읽을 책이 없어요."

이렇게 대답하는 친구들이 있어요. 믿기지 않겠지만 사실입니다. 이런 경우에는 우선 집의 책꽂이를 점검할 필요가 있습니다. 책꽂이에 책이 가득 꽂혀 있다고 해도 이미 다 읽은 책이거나 아이의 흥미를 끌지 못하는 책들로만 채워져 있을 수 있어요. 아이가 저학년일 때까지만 해도 엄마들이 독서 교육에 관심이 높아 전집을 꾸준히 삽니다. 덕분에 아이의 흥미나 수준은 차치하고 일단 '양'이 차고 넘쳐요. 선택의 폭이 넓어 아이는 그나마 읽을 만한 책이 있다고 느낍니다. 하지만 고학년이 되면 영어, 수학 등 다른 공부에 밀려 책은 뒷전이 되기 쉬워요. 책꽂이를 규칙적으로 점검하고 아이가 읽을 만한 책으로 채운다는 게 생각만큼 쉽지 않습니다. 저도 그래요. 그래서 저희 가족은 매년 12월 31일을 '책꽂이 점검의 날'로 정했어요. 아쉬워도 한 번씩 책을 덜어 내고 위치도 바꿉니다.

도서관을 적극적으로 활용해 보세요. '고학년이니까 알아서 읽겠지. 알아서 빌리겠지.' 하는 생각은 금물입니다. 저는 아이들을 데리고 매주 학교 도서관에 가는데 우리 아이들, 생각보다 책 고르는 것을 어려워해요. 그러니까 엄마가 더 적극적으로 아이의 독서 목록을 관리해야 합니다. 우리 아이 독서 목록 관리 방법 세 가지를 제안합니다. 첫째, 도서관에 가기 전에 미리 희망 대출 도서 목록을 만들어요. 도서관 앱에서 '관심 도서 목록' 메뉴를 활용하면 미리 목록도 준비할 수 있고 청구기호가 있어 쉽고 빠르게 책을 찾을 수 있습니다. 둘째, 엄마가 추천하는 책과 아이가 읽고 싶은 책의 비율을 정합니다. 엄마가 추천하는 책만 읽으면 아이의 책 고르는 안목이 길러지기 어렵고, 아이가 읽고 싶은 책만 읽으면 짧고 쉬운 책만 편독할 수 있어요. 5대 5든 4대 6이든 비율은 엄마와 아이가 정하기 나름입니다. 셋째, 서가의 위치를 정해 그 안에서 책을 골라요. '오늘은 출입문에서 가장 가까운 책꽂이에서 고르기', '오늘은 사서 선생님 책상에서 가장 먼 책꽂이에서 고르기' 이렇게 정해도 되고 '내가 가장 좋아하는 책과 같은 칸에 있는 책 중에서 고르기' 같은 방법도 좋습니다. 저는 저희 반 아이들과 매주 학교 도서관에 가고 딸아이와는 매주 동네 도서관에 가는데요, 자주 가니까 익숙한 것 같으면서도 갈 때마다 새롭고 그 새로움을 발견할 때마다 도서관을 더욱 사랑하게 됩니다. 집에 아무리 책이 많다고 해도 도서관과 비교할 순 없어요. 아이와 함께 도서관 구석구석을 여행해 보세요. 아무도 모르는 곳에 숨겨진 보석을 발견하는 기쁨을 맛볼 수 있습니다.

유형 3.
읽을 시간이 없다는 아이

"선생님! 책 읽을 시간이 없어요."

요즘 아이들, 어른들보다 더 바쁘지요. 오후 2시 40분에 학교가 끝나면 학교에 남아 있는 아이가 없습니다. 학원에 가야 해서 청소할 시간이 없다는데 책 읽을 시간은 더 없겠지요. 영어, 수학은 기본이고 운동이랑 악기도 하나씩은 해야 한다면서요. 제가 어렸을 때는 수업이 끝나면 학교에 남아 벽 신문을 만들어 교실도 꾸미고 오늘은 누구 집에 놀러 갈까를 고민하며 시간을 보냈는데 요즘 아이들에게는 그런 시간이 허락되지 않아요. 각자의 스케줄 때문에 바쁩니다. 학원 끝나고 집에 돌아오면 학원 숙제도 해야 하고 스마트폰으로 웹툰이랑 유튜브도 봐야 하죠. 정말 바빠요. 집에서 먼 학원에 다니느라 셔틀버스에서 긴 시간을 보내는 아이들도 있습니다. 정말 안타깝지요. 엄마는 남들 다 보내는 학원에 내 아이만 안 보내자니 불안하고 엄마의 불안 때문에 아이는 지쳐 갑니다. 그러다 결국 스스로 하려는 의욕은 사라지고 '엄마 아빠를 기쁘게 해드리기 위해서' 공부하는 의무감만 남아요.

'보험 다이어트'라는 말 들어 보셨나요? 학원도 다이어트가 필요합니다. 다른 아이들도 다 다니니까, 엄마가 불안해서, 원래 다니던 곳이라 그만두기 아까워서 다니는 학원은 과감히 정리해 주세요. 초등 고학년이라면 적어도 하루에 한 시간은 독서 시간을 확보해야 합니다. 마음 편히 뒹굴면서 책 읽을 시간을 마련해 주세요.

진짜 시간이 없는 경우도 있겠지만 독서의 중요성을 몰라서 책 읽을 시간이 없다고 대답할 수도 있습니다. 독서가 모든 것의 기본이라고 강조하는 부모와 교사가 곁에 있다면 아이는 책 읽을 시간부터 마련해 둘 거예요.

유형 4.
그저 많이 읽기만 하는 아이

"선생님! 전 이미 책을 많이 읽고 있는데요?"

부모로서는 가장 안심되는 상황이겠지만 교사로서는 가장 접근하기 힘든 유형입니다. 스스로 책을 많이 읽는다고 생각하지만 깊이 있는 독서가 아닌 경우가 많아요. 생각이 확장되고 성적이 오르고 성격이 유연해지는 등 삶의 변화로 연결되지 못합니다. 이유는 둘 중 하나예요. 책을 지나치게 빨리 읽거나 읽기만 하고 생각은 안 해서 그래요. 매년 한 명쯤은 이런 친구를 만납니다. 독서 의욕과 자신감이 상당해요. 독서와 관련된 정서적 지능은 칭찬할 만합니다. 그런데 잘 이끌어 주는 어른이 곁에 없으면 자만에 빠지기 쉬워요. '혼자 책만 읽는' 아이가 될 수 있습니다.

이런 친구일수록 지식책보다는 이야기책을 추천합니다. 인물의 다양한 감정을 이해하고 공감하는 과정을 통해 사회성을 기르고, 독서는 단지 지식을 축적하는 수단이 아니라 세상을 이해하는 통로라는 것을 알아야 해요. 또 지나친 속독으로 책의 내용을 제대로 이해하지 못하고 넘어가는 경우가 많기 때문에 반드시 점검해 보아야 합니다. 아이가 흐름만 대충 파악하고 구체적인 장면을 상상하지 못한다면 정독하는 습관을 들여야 합니다. 이 과정은 매우 어려워요. 아이에게 엄마 앞에서 소리 내어 읽어 달라고 해 보세요. "엄마도 가끔 누가 책을 읽어 줬으면 좋겠어."라고 하면 아이들도 흔쾌히 읽어 줍니다.

아이가 자기 수준보다 높은 책을 읽고 읽은 책의 목록을 과시하려는 경향이 있다면 독서모임을 꾸려 주는 것도 좋은 방법입니다. 독서모임이 어렵다면 한 명의 책 친구만 찾아 줘도 좋습니다. 독서모임 구성원이나 책 친구는 꼭 나이가 같을 필요는 없어요. 오히려 다른 나이, 다른 수준의 친구들이 모였을 때 서로에게 좋은 자극이 됩니다. 물론 가장 훌륭한 책 친구는 바로 엄마입니다. 함께 읽고 나누는 과정을 통해 '혼자 책만 읽는' 아이라는 평가에서 벗어날 수 있어요.

'진짜' 독서는 고학년 때부터 시작

독서 인생에서
가장 중요한 시기

  사실 책의 바다에 풍덩 빠지는 시기는 느닷없이 찾아오기도 합니다. 한 권의 책이 계기가 되기도 하고 특별한 사람이나 시간이 독서의 방아쇠를 당기기도 하지요. 저도 서른이 넘어서 그 재미와 의미를 알았는데 좀 더 빨리 알았다면 좋았을 걸 하는 아쉬움이 늘 있습니다. 기막힌 어린이 책을 만날 때마다 타임머신을 타고 어린 시절 저에게 달려가고 싶어요. 지금 읽어도 좋지만 그때 읽었더라면 얼마나 더 좋았을까 생각하지요. 그 안타까움이 절절하기에 우리 아이들만큼은 그 타이밍을 놓치지 않았으면 좋겠어요.

저학년 때는 대부분의 아이가 책 읽기를 좋아합니다. 그림책을 읽어 주는 엄마가 곁에 있고 도서관 가는 데 거부감이 없으며 독서를 공부로 느끼지 않아요. 하지만 고학년은 달라요. 책에 그림보다는 글이 많고 엄마는 알아서 읽으라고 합니다. 실제로 저희 반 아이 중에 독서가 어려운 이유를 물었을 때 "집에는 책 읽으라는 사람이 없어요. 선생님이랑 줌zoom 켜 놓고 같이 책 읽을 때 참 좋았어요. 선생님, 그거 계속하실 거죠?"라고 이야기한 친구가 있었어요. 다 커서 알아서 할 것 같지만 아직은 부모의 관심과 적극적인 개입이 필요합니다.

"우리 아이는 책과 담을 쌓았어요."
"어릴 때는 곧잘 읽더니 지금은 읽으라고 하기 전에는 먼저 책 펴는 법이 없어요."

괜찮아요. 고학년 때 시작해도 되고, 잠깐 멈추었다면 다시 불을 지피면 됩니다. 제가 만난 6학년 찬오는 책 읽기를 유난히 힘들어하던 아이였습니다. '행복한 아침 독서' 시간에 책을 펼치고만 있었지 읽질 못했어요. 친구들의 모습을 이리저리 살피거나 책 밖의 어느 한 지점에 시선을 고정하고 멍하니 있기 일쑤였습니다. 책을 읽다 한 번씩 고개를 들어 아이들의 모습을 둘러볼 때 찬오와 꼭 눈이 마주쳤어요. 한두 달 있으면 나아지겠지, 했는데 금방 좋아지지 않았습니다.

국어 시간에 소리 내어 교과서를 읽어 보게 하면 의미 단위로 끊어 읽기는 물론이고 연음법칙이 적용된 낱말이나 겹받침이 있는 낱말을 읽기 어려워했어요.

저는 찬오에게 특별 미션을 주었습니다. 나이 차가 많이 나는 여동생에게 그림책을 소리 내어 읽어 주라고 했어요. 매일 저녁 한 권씩 읽어 주고 다음 날 아침에 저한테 와서 책 제목을 말해 달라고 했습니다. 대부분이 전래동화나 명작동화였기 때문에 제가 아는 척하면서 관심을 보일 수 있었어요. 처음 들어 보는 책이면 메모까지 하면서 꼭 읽어 보겠다고 했지요. 찬오는 그 미션을 성실히 수행했습니다. 그러자 소리 내어 읽기에 자신감이 붙더니 독서에 대한 거부감이 사라졌어요. 여전히 긴 글 읽기는 어려워했지만 저는 진짜 재미있는 이야기책을 손에 들려 주고 기다렸습니다. 찬오는 《불량한 자전거 여행》을 읽더니 이렇게 재미있는 책을 왜 이제야 알려 주냐면서 저를 원망했어요. 엄지손가락을 치켜들며 인생 책을 만났다고 했습니다. 찬오 어머니는 책이라면 몸서리치던 아들이 선생님 덕분에 달라졌다며 저에게 몇 번이나 감사 인사를 하셨어요. 교사로서 아이들의 변화와 발전을 지켜보는 것보다 더 큰 기쁨은 없습니다. 그러니 오히려 제가 감사했지요.

이 시기에 아이의 독서가 어떻게 이루어지느냐에 따라 앞으로의 독서 인생 방향이 결정됩니다. 책에 재미를 못 붙이면 평생 책과 멀어져요. 독서를 학습의 일종으로 강요하면 시험이 끝나는 순간 책은 거들떠보지도 않습니다. 그러나 아이가 진짜 재미있는 책을 만나 그 속에서 자신을 위로하고 타인을 이해하는 방법을 알아내면 인생의 고비마다 책을 찾게 됩니다. 책에서 얻은 지혜를 가득 품고 문제 상황에 부딪힐 때마다 마음 다치지 않고 극복해 나갈 수 있어요. 초보 독서가에 머무르느냐 숙련된 독서가로 나아가 책 읽기를 즐기느냐는 이 시기를 어떻게 보내는지에 따라 결정됩니다.

긴 글 읽기가 시작되는 고학년

고학년이 되면 본격적으로 긴 글을 읽게 됩니다. 책의 두께가 주는 중압감이 있어요. 그림책에서 문고판으로 넘어오는 것도 힘들었는데 이제는 성인용 책과 비슷한 두께의 책을 읽으라고 합니다. 그러니 책 읽을 생각에 눈앞이 캄캄해질 아이의 마음을 헤아려 주세요. 긴 글을 잘 읽는 비결은 등장인물 곁으로 바짝 다가가 그들이 기뻐하고, 슬퍼하고, 조마조마하고, 통쾌한 그 순간을 함께 나누는 것입니다.

말처럼 쉽지는 않아요. 긴 글을 읽는 과정에서 책과 씨름하는 시간을 가져야 합니다. 저도 초등학교 때 《해저 2만 리》나 《비밀의 화원》

같은 책들은 읽기 어려웠어요. 재미없어서가 아닙니다. 워낙 호흡이 길었어요. 초등학생의 집중력으로 앉은 자리에서 한 권을 다 읽기란 불가능했습니다. 중간에 읽기를 멈추었다가도 다시 펼치는 용기, 다른 책으로 넘어갔다가도 다시 돌아와 첫 장을 펼치는 집요한 노력이 필요해요.

얼마 전 초등 고학년 대상 독해 문제집을 살펴보았습니다. 전문가들이 설명문, 논설문, 문학 등 다양한 텍스트를 엄선하여 문제를 만들었더라고요. 그런데 그 텍스트라는 것이 길어도 두 쪽을 넘지 않았고 대부분이 다섯 문단 이내로 이루어져 있었어요. 이 문제집 한 권을 다 푼다 해도 아이들의 독해력이 크게 향상될 것 같지 않았습니다. 말 그대로 '풀기'만 하니까요. 다양한 소재를 다룬 텍스트 덕분에 배경지식은 쌓이겠지만 창조적이고 종합적인 사고력이 키워질 것 같지는 않았습니다.

충분한 쉼과 시간이 있어야 아이가 책을 읽고 고민할 여유가 생깁니다. 결과를 재촉하는 어른, 정답지와 풀이집이 없어야 아이가 책과 씨름할 마음이 생겨요. 짧은 글을 읽고 글에 알맞은 제목을 붙이거나 글에서 알 수 있는 내용을 고르는 것은 궁리하지 않아도 할 수 있어요. 긴 글을 읽고 이야기의 구조를 파악하고 글쓴이의 의도를 따져봐야 진짜 독해력이 향상됩니다. 이 시기에 독해력을 제대로 다져 놓으면 교과서의 지문쯤은 쉽다고 느껴요.

언어와 경험이 쌓이면
이해도 깊어진다

고학년은 저학년보다 어휘력이 풍부합니다. 책을 통해서든 주변인이나 미디어를 통해서든 많은 낱말의 뜻과 쓰임을 알고 있어요. 아는 낱말이 많으면 자연히 글에 대한 이해도 높아집니다. 고학년은 어휘력뿐만 아니라 경험도 풍부해요. 도전과 실패를 해 본 적이 있어서 등장인물의 도전을 마음 깊이 응원합니다. 가족과의 갈등을 겪어 본 적도 있어서 주인공의 갈등과 화해에 눈물을 흘립니다. 제가 고학년 아이들에게도 그림책을 읽어 주는 이유입니다. 같은 그림책이라도 고학년의 이해와 감동이 훨씬 깊어요.

아이에게 그림책을 읽어 주다 가슴이 저릿했던 경험이 있으실 거예요. 저는 최근에 아이에게 《수호의 하얀말》(오츠카 유우조(이영준 옮김), 한림출판사, 2001)이라는 그림책을 읽어 주다 꺼이꺼이 울었어요. 온라인 서점에서 이 책은 '낮은 학년 그림책'으로 분류되어 있어요. 책에 등장하는 하얀말은 온몸에 화살이 꽂힌 상태로 밤새 달려 주인공 수호에게 돌아옵니다. 일곱 살 딸아이는 다치고 아픈 하얀말이 불쌍해서 울었고, 저는 다른 이유로 울었어요. 인생을 살아 보니 제 몸이 아픈 줄도 모르고 내게 달려와 주는 친구는 흔치 않습니다. 이익이 있어야 관계를 맺고, 내 상황이 초라해지면 관계를 끊어 내는 사람들이 있어요. 그래서 하얀말이 죽어가면서도 지키려고 했던 그 관계 때문에 울음이 꿀꺽꿀꺽 올라왔어요.

고학년 아이들은 어휘력과 경험이 풍부해서 같은 책을 읽고 나눌 수 있는 이야기도 많습니다. 그래서 저는 고학년 담임이 재미있어요.

'진짜' 생각하기는
고학년 때부터 시작

나는 누구며
어떻게 살아야 하는가

　어린이는 청소년기를 거쳐 어른이 됩니다. 초등 고학년은 그 청소년기의 출발점이에요. 어른들은 자신들의 편의에 따라 "넌 아직 어려서 몰라도 돼."라며 아이의 생각을 가로막기도 하고 "너도 이제 다 컸잖아?"라며 아이에게 책임을 묻기도 합니다. 이때 아이들은 혼란스러워해요. 이 혼란을 딛고 인생에 대해 뜨겁고 치열하게 고민합니다. 문을 닫고 들어가 방에 틀어박혀 있다면 청소년기가 시작되었다는 신호이니 기다려 주세요.

　이 시기에 가장 중요한 고민은 '나는 누구인가?' 하는 정체성에 대한 고민입니다. 매 순간 생각하며 살진 못하지만, 어느 순간 떠올렸을 때 답이 안 나오면 왈칵 눈물이 쏟아지기도 하는 것이 바로 이 정체성 고민입니다. 나이 마흔에도 끝나지 않는 정체성에 대한 고민은 눈물만 흘린다고 해결되지 않더라고요. 다양한 삶을 만나 봐야 합니다. 책 속에는 다양한 삶이 있어요. 그중에 나를 울리는 삶, 나를 뒤흔드는 삶, 나를 변화시키는 삶을 만나면 자신의 정체성을 깨달을 수 있습니다. 자신을 이야기 속 등장인물과 동일시하는 과정에서 스스로 깊이 이해할 수 있어요. 남과 다른 생각을 펼치고 자기만의 세계를 만드는 과정이 바로 정체성 형성 과정입니다.

또 하나 중요한 고민은 '어떻게 살아야 하는가?'라는 삶의 방향성에 대한 고민입니다. 권일한 선생님은 자신의 저서 《책벌레 선생님의 행복한 독서토론》(행복한아침독서, 2016)에서 '동화는 어른을 아이들 세상으로 데려가서 당신은 제대로 어른이 되었느냐고 묻는다.'라고 했습니다. 사람은 살면서 수많은 가치갈등 상황을 만나고 그때마다 어떤 선택이 옳은 것인가 생각합니다. 선택의 결과에 따라 괜찮은 어른이 되느냐 아니냐가 갈립니다. 책에서 본 갈등과 선택 그리고 그 결과는 아이 안에 그대로 쌓여서 인생의 길잡이가 되어 줍니다.

저는 교사로서 남다른 강점이 없는 것 같다고 생각될 때나 엄마로서 아이를 잘 키우고 있는 것인지 막막할 때 책을 파고들었어요. 책 속에서 아이들과 함께 토론하고 글을 쓰는 선생님들을 만났습니다.

아이를 위해 희생하는 것이 아니라 엄마 자신의 꿈과 성장을 위해 발 버둥치는 엄마들을 만났습니다. 그 사람들을 보며 가슴이 뜨거워졌고 내 하루를 다르게 계획했어요. 그렇게 책 속에서 삶의 정체성과 방향성을 찾았습니다. 우리 아이들도 찾을 수 있어요. 언제 어디서든 책을 펴서 읽고 생각한다면 말입니다.

고등 사고력과
메타인지

초등 고학년부터 종합, 분석, 추론과 같은 고등 사고력이 길러지기 시작합니다. 이러한 사고력은 그저 많이 읽는다고 길러지지 않아요. 생각하며 읽어야 합니다. 저학년이나 초보 독서가에게는 어려운 일이지요. 《토끼와 거북이》 이야기를 읽은 저학년은 '토끼는 게으르고 어리석어.', '거북이는 부지런하고 훌륭해.'라고 생각합니다. 그러나 고학년은 전혀 다르게 생각할 수 있습니다. '능력치가 전혀 다른 둘의 달리기는 처음부터 말이 안 된다.', '자는 토끼를 깨우지 않고 혼자만 달린 거북이의 행동은 과연 옳은가?'라며 불공정한 경쟁을 비판할 수 있어요.

그렇다면 어떻게 읽어야 고등 사고력이 키워질까요? 6학년 2학기 국어 교과서에 수록된 《나는 비단길로 간다》(이현, 푸른숲주니어, 2012)를 읽으면서 사고력 훈련을 해 봅시다. 열세 살 발해 소녀 홍라는 바다에서 어머니를 잃고 혼자가 됩니다. 교역품을 실은 배가 바닷속으로 가라앉아 홍라의 어머니가 이끌던 상단은 빚더미에 오르죠. 주변에서는 상단을 처분하라고 했지만 의지가 굳센 홍라는 어머니 대신 상단의 주인으로 나섭니다. 이처럼 각각의 사건이 원인과 결과로 이어지는 개연성과 등장인물의 성격이 사건 전개에 미치는 영향을 생각하며 읽으면 '종합적 사고'가 발달해요.

또 이야기 전체를 분석해서 각 인물과 사건, 배경의 상호관계를 파악하며 읽으면 '분석적 사고'가 길러집니다. 이 책에 나오는 등장인물들은 저마다 특별한 사연을 가지고 있어요. 어릴 때부터 홍라 곁을 지켰던 무사 친샤, 가족을 떠나 천문생이 되려고 공부 중인 월보, 일손을 돕겠다고 따라나섰지만 엄청난 비밀을 간직한 비녕자, 그리고 빚쟁이의 아들 쥬신타까지. 작가가 어떤 의도로 이런 캐릭터들을 탄생시켜 홍라의 일행으로 구성했는지 따져 보면 분석적 사고를 기를 수 있지요.

'추론하는 힘'은 이야기에 직접 드러나지 않은 일을 앞뒤 사건으로 미루어 짐작하는 과정에서 길러져요. 홍라가 말 100필을 팔 사람이 없어 곤란을 겪을 때 가장 적극적으로 도와준 사람은 비녕자였습니다. 비녕자가 데려온 김자인은 사실 사기꾼이었죠. 홍라 때문에 부모를 잃은 비녕자가 김자인의 정체를 알면서도 홍라에게 소개한 거예요. 비녕자와 김자인이 만나는 과정은 책에 나오지 않지만, 이야기의 흐름과 인과관계를 헤아려 보면 추론할 수 있어요. 초등 고학년은 이렇게 독서를 통해 고등 사고력을 십분 기를 수 있습니다.

시중에 판매되는 문제집이나 학원 간판에서 '사고력 수학'이라는 표현을 자주 봤습니다. 공식 암기와 문제 풀이를 지양한다고는 하나 어쨌든 풀어야 할 분량이 있고 채워야 할 시간이 있는데 아이들의 사고력이 길러질까요? 눈에 보이는 결과를 다그치는 상황에서는 생각하는 힘을 발휘하기 힘들어요. 그보다는 진득하게 앉아서 책 한 권 읽고 생각을 거듭하는 과정이 필요합니다.

학교에서 아이들을 가르치다 보면 '메타인지metacognition(무엇을 알고 모르는지에 대해 아는 것에서부터 모르는 부분을 보완하기 위한 계획과 그 계획의 실행을 평가하는 것에 이르는 전반)'의 중요성을 느낄 때가 참 많아요. 모르는 것을 안다고 착각하고 멍하니 있거나 정확히 어디가 어떻게 부족한지 몰라 포기하는 친구들이 있습니다. 고학년은 공부할 양이 많기 때문에 내가 아는 것과 모르는 것을 정확히 구분해야 효율적인 공부를 할 수 있어요. 책을 읽고 북 토크를 하면 이러한 메타인지 능력이 향상될 수 있습니다. 읽기만 하면 다 알고 이해하는 것 같지만 읽고 나서 말로 표현해 보면 내가 무엇을 모르는지 깨달을 수 있거든요.

긍정적 생각보다 부정적 생각을
더 많이 하는 시기

아이들을 지도하면서 가장 막막한 순간은 "몰라요.", "그냥요.", "상관없어요."라는 대답을 들을 때입니다. 아무 생각이 없는 건 걱정해야겠지만, 부정적 생각을 많이 하는 건 괜찮아요. 어릴 땐 마냥 밝고 쾌활했던 내 아이가 어느 날부터인가 톡 쏘는 부정적 말들을 뱉어 내면 거슬리기 시작합니다. 그렇다고 "왜 매사에 부정적이니?"라며 아이를 비난하지 마세요. 어른들도 의식하지 않거나 훈련되지 않으면 긍정적 생각보다는 부정적 생각을 많이 합니다. 저학년 때야 내가 세상의 중심이라 거침없고 자신감 넘칩니다. 하지만 고학년으로 갈수록 나보다 잘난 아이들을 많이 만나고 실패의 경험이 쌓이면서 자연히 부정적 생각이 늘어요. 그럴 때는 "어떤 문제를 제거해야 이 일을 해결할 수 있을까?", "어떤 조건을 바꾸어야 만족할 수 있을까?"와 같은 질문으로 접근해야 합니다. 부정적 생각을 줄이라고 강요하지 말고 비판 의식이 투철하다 칭찬해 주세요. 문제의 다양한 해결 방법은 책에서 찾으면 됩니다.

감정이 널뛰는 사춘기 아이에게 "왜 그렇게 말해?", "왜 그렇게 행동해?"라고 물어본 적이 있나요? 듣는 사람한테는 궁금해서 묻는 것으로 느껴지지 않아요. 잘못을 캐묻고 꾸짖는 것으로 들리죠. 저는 사춘기도 아닌데 남편이 "유자차 왜 이렇게 큰 걸 샀어?" 하고 물으면 "작은 걸 사도 되는데 쓸데없이 큰 걸 샀네."라는 말로 들려서 마음이 상하더라고요. 아이의 부정적 말과 행동이 계속되어 걱정이라면 그 이유를 묻지 말고 이야기책을 함께 읽어 보세요. 온갖 어려움 속에서도 포기하지 않고 앞으로 나아가는 주인공의 모습을 보면 아이 마음속에도 희망과 긍정의 불이 들어옵니다.

'진짜' 글쓰기는
고학년 때부터 시작

6학년이 써야 할 글

　글쓰기를 좋아하는 아이는 드물어요. 저학년 때는 뭐라도 끄적이면서 자신을 표현하는 일에 거리낌이 없어요. 하지만 고학년은 글쓰기에 스트레스를 받습니다. 이유는 두 가지예요. 하나는 내 글이 남의 글과 비교되는 경험이 쌓이면서 글쓰기 자신감이 떨어졌기 때문이고, 다른 하나는 고학년일수록 교과서에서 요구하는 글의 수준이 높아서 그래요. 다음은 6학년 1학기 국어 교과서에 나오는 글쓰기 관련 학습 내용입니다.

- 건의하는 글쓰기

- 비유하는 표현을 살려 시 쓰기

- 지은이가 되어 《소나기》의 뒷이야기 상상해 써 보기

- 서론, 본론, 결론이 드러나도록 논설문 쓰기

- 정조가 되어 수원 화성을 완공한 날의 일기 쓰기

- 올바른 우리말 사용을 주제로 글쓰기

- 이야기에서 인물이 추구하는 가치를 자신의 삶과 관련지어 글쓰기

- 인물이 추구하는 가치가 드러나게 인물 소개서 쓰기

- 나누려는 마음을 담아 글로 써 보기

위의 내용 중 자신 있게 도전해 볼 만한 것이 있나요? 실제로 글을 쓴다고 생각하면 어느 것 하나 쉽지 않습니다. 엄마도 글을 쓰고 아이와 바꾸어 읽는다면 어떨까요? 아마 선뜻 내 글을 보여 주고 싶지 않을 거예요. 그런데 아이들은 글을 쓸 때마다 선생님과 엄마가 검사하지요. 남의 글을 읽고 평가하는 건 쉽지만 내 글을 쓰는 건 어렵습니다. 아이들이 느끼는 어려움을 인정하고 응원해 주세요.

글쓰기도
훈련이 필요하다

어떤 종류의 글이든 잘 쓰려면 훈련이 필요합니다. 자발적 책 읽기는 가능하나 자발적 글쓰기는 불가능에 가까워요. 저는 6학년인 저희 반 아이들과 이렇게 훈련합니다.

'주 3회 글쓰기, 한 번 쓸 때는 30분 이상 앉아서, 공책 한 장을 목표로.'

위와 같이 횟수와 시간, 분량을 모두 정해 줍니다. 그리고 요일마다 써내야 할 글이 달라요. 주말에는 일기를 쓰고, 화요일에는 독서 감상문을 쓰며, 목요일에는 주장하는 글을 쓰도록 합니다. 아이들이 힘들어하지 않냐고요? 물론 처음에는 힘들어합니다. 해 본 적이 없으니까요. 하지만 반복하다 보면 습관이 되고, 습관이 되면 자신감도 생기고 글의 수준도 높아집니다. 3월에 쓴 글과 최근에 쓴 글을 비교하면 아이들이 먼저 놀라요. 저도 매번 놀라고요. 이런 훈련의 시간이 없으면 교과서에서 글쓰기 과제를 만날 때마다 괴롭습니다.

글쓰기 훈련 과정에서 저는 두 가지만 잘하면 됩니다. 하나는 잘 쓰는 방법을 자세히 알려 주는 것이고, 다른 하나는 아이들이 쓴 글에 관심을 가져 주는 것입니다. 잘 쓰는 방법은 글의 종류에 따라 조금씩 다른데요. 우선 일기는 빼어난 일기문을 많이 보여 줍니다. 《안네의 일기》(안네 프랑크(최지현 옮김), 보물창고, 2011)나 《헨쇼 선생님께》와 같은 책들을 틈날 때마다 소리 내어 읽어 줘요. "겪은 일을 나열하지만 말고 생각이나 느낌을 써봐."라는 말은 너무 많이 들어 지겨울 거예요. 그보다는 뒤엉킨 생각이나 느낌을 어떻게 글로 표현하는지 보여 주면 아이들이 많이 배웁니다.

독서 감상문은 줄거리를 요약하는 방법과 자신의 감상을 표현하는 방법 둘 다 중요해요. 저는 줄거리를 요약할 때 큰 포스트잇을 사용하라고 알려 줍니다. 책의 목차 부분에 포스트잇을 붙여 놓고 한 챕터를 읽을 때마다 내용을 정리해요. 한 문장으로 정리해도 되고, 몇 개의 주요 단어로 정리해도 됩니다. 이렇게 나누어 정리하면 줄거리 요약이 조금 만만해져요. 실제로 제가 어린이 책을 읽을 때 매번 활용하는 방법입니다. 어린이 책을 꽤 읽은 저조차도 책 한 권의 줄거리를 요약하라고 하면 막연한데 아이들은 오죽할까요. 혹시나 읽기의 흐름이 끊기지 않을까 걱정하지 마세요. 오히려 한 번씩 끊어서 정리하면 각 챕터가 어떻게 연결되는지 생각하며 읽을 수 있어서 더 좋습니다. 다음은 저희 반 아이가 《푸른 사자 와니니》를 읽으면서 챕터별로 내용을 정리한 것입니다.

1. 와나니의 소심함
2. 말라이카의 시비
3. 마디바의 한마디 말에 와나니가 받은 마음의 상처
4. 마디바에게 칭찬받고 싶은 와니니의 마음
5. 말라이카의 죽음/와나니의 무서운 벌
6. 마디바 영토에서 무리와 함께했던 시간을 그리워함
7. 와나니의 은인 아산테 아저씨
8. 아산테 아저씨와 잠보의 이야기
9. 와나니의 토끼 사냥

10. 어떤 하이에나가 말한 말라이카가 죽은 날의 진실
11. 와니니의 누 사냥
12. 말라이카가 살아 있음
13. 무화과나무에서 만난 개코원숭이들
14. 말라이카, 와니니, 잠보, 아산테 아저씨와 가젤 사냥
15. '와니니 무리'라는 이름이 생김
16. 마디바와 무투의 전쟁 시작
17. 위대한 왕이 탄생함

아이가 정리한 《푸른 사자 와니니》 챕터별 내용

자신의 감상을 표현하는 것은 줄거리 요약보다 쉬워요. 읽으면서 이상했던 것, 궁금했던 것, 공감했던 것, 감탄했던 것에 대해 자기 생각이나 느낌을 풀어 쓰면 됩니다. 왜 이상하다고 느꼈는지, 궁금증을 해결할 방법이 있는지, 나의 어떤 경험이 떠올라 공감했는지, 감탄한 부분이 내 삶에 어떤 영향을 끼칠지 쓰다 보면 어느새 공책 한 장이 채워져요. 아이들이 안 해봐서 어렵다고 느끼는 것이지 몇 번만 해 보면 줄거리 요약보다 감상 표현을 훨씬 더 잘합니다.

주장하는 글은 아이들이 가장 쓰기 어려워합니다. 교과서에도 6학년부터 나와요. 주장을 뒷받침하는 근거가 있어야 하고 그 근거가 적절하여 읽는 사람을 설득시켜야 합니다. 제가 지금 쓰고 있는 이 글도 주장하는 글에 속해요. 얼마나 쓰기 어려운지 중간에 몇 번 포기할 뻔했습니다. 어른도 쓰기 어려운 주장하는 글을 아이들이 쓰게 하려면 주제 선정이 중요해요. 듣자마자 하고 싶은 말이 튀어나올 만한 주제를 골라야 합니다. 예를 들면 '초등학생이 화장을 해도 되는가?', '한 가지 갈래의 책만 읽는 것에 대한 내 생각은?', '급식체(주로 청소년들 사이에서 유행하는 말하기 방식을 비유적으로 이르는 말. 출처: 네이버 국어사전)는 나쁘기만 할까?'와 같은 것입니다. 대부분 찬성과 반대가 뚜렷이 나뉘는 주제들이지요. 아이들은 주제를 보고 자기 입장을 금방 정해요. 문제는 주장을 뒷받침할 근거와 자료를 마련하는 일입니다. 전문가의 의견이나 텔레비전 뉴스, 인터넷 누리집 등에도 좋은 자료가 많지만 저는 가능한 한 책을 찾아보게 합니다. 책이 가장 믿을 만한 자료를 제공하기도 하고 지식책으로 독서 범위를 확장하는 기회가 되기 때문이지요.

아이들이 쓴 글마다 피드백을 해 주는 것은 시간과 정성이 필요합니다. 바쁘다는 핑계로 도장만 찍어서 돌려줄 때도 있어요. 최근에는 그런 일이 생기면 "솔직히 말할게요. 선생님이 오늘 너무 바빠서 글을 못 읽어 봤어요. 다음번에 꼭 읽어 보고 댓글 써 줄게요"라고 사과부터 합니다. 선생님의 관심과 사랑을 느끼면 아이들도 변합니다. 아이들도 알고 저도 알아요. 글쓰기 공책이 우리의 진짜 소통 창구라는 것을요. 교실에서 시간이 부족해서, 다른 친구들 눈치 보느라 못 했던 말들을 글쓰기 공책에 할 수 있거든요. 노력이 필요한 일이긴 하지만 힘겹진 않아요. 즐겁습니다. 아이들 마음도 들여다볼 수 있고, 말로는 표현하기 힘든 제 마음도 전할 수 있고요. 무엇보다 공책을 돌려받자마자 궁금해하며 열어 보는 아이들의 모습을 보는 일이 저에게는 큰 기쁨입니다.

가정에서도 할 수 있어요. 아이 글을 읽고 매번 평가하고 다듬어 주지 마세요. 다듬어 주지 않아도 아이들은 성장하더라고요. 꾸준함과 애정만 놓치지 않으면 됩니다.

나만의 글을 쓰는 법

안 써 보면 막연하지만, 훈련하다 보면 금방 글을 잘 쓸 수 있어요. 저는 이것을 경험으로 알았어요. 교원임용시험을 준비할 때 매일 한 편씩 글을 썼습니다. 쓰다 보니 속도도 붙고 논리력도 늘었어요. 어떤 주제를 만나도 두렵지 않았죠. 몇 년 뒤에 1급 정교사 자격시험에서 논술시험이 있었는데 두 편 정도 써보니 예전에 익혔던 기술이 다시 살아났어요. 오랜만에 자전거를 타도 잘 타지는 것처럼요. 아이들도 글쓰기 훈련을 꾸준히 하면 이런 신기한 경험을 할 수 있습니다.

그런데 훈련을 통한 글은 한계가 있더라고요. 내가 쓴 글과 남이 쓴 글이 비슷비슷해요. 읽는 이에게 울림을 주는 특별한 그 무엇이 부족합니다. 강렬한 인상을 남기는 부분이 길 필요는 없어요. 명언 한마디도 좋고 에피소드도 좋아요. 그래서 저는 생선을 굽다가도 책을 펼치고, 운전하면서도 생각을 멈추지 않습니다. 글의 주제와 딱 맞아떨어지는 것을 골라 쓰려면 많이 읽고 많이 생각해야 해요.

고학년일수록 글쓰기 실력 편차가 심합니다. 중간이 없어요. 3월, 아이들의 글쓰기 공책을 받아 보면 잘 쓰거나 못 쓰거나 둘 중 하나입니다. 옆집 아이의 글과 내 아이의 글을 비교하고 놀라서 다그치지 마세요. 불안한 마음에 학원부터 알아보지 마세요. 물론 훌륭한 글쓰기 학원과 선생님이 많습니다. 하지만 아이가 필요하다고 할 때 가야 효과가 있어요. 엄마의 조급함에 등 떠밀려 학원에 간 아이에게 글쓰기 시간은 지옥입니다. 저는 매년 30여 명의 아이를 만나 글쓰기 훈련을 하면서 크고 작은 성장을 목격했어요. 저는 하나하나 첨삭해 주지 않았습니다. 아이들은 쓰기를, 저는 읽고 감탄하기를 멈추지 않았더니 아이들의 글은 일 년 사이에도 몰라보게 달라졌어요.

5

우리 아이를
단단히 세워 줄 책
BEST 5

《불량한 자전거 여행》

"난 뭘 잘하지?"

 이 책은 엄마, 아빠의 생생한 부부싸움으로 시작합니다. 오가는 대화가 얼마나 현실적인지 제 얼굴이 화끈거려요. 부모님이 비슷한 이유로 다투는 가정의 아이가 이 책을 읽는다면 어떤 심정일까요? 그 마음을 짐작해 보면 같은 어른으로서 너무나 미안해요. 아이가 느낄 불안과 공포를 헤아려 봅니다. 그러면서 '나는 절대 아이 앞에서 싸우지 말아야지.' 하고 마음먹는데 쉽지 않아요.

 부부는 언제 가장 많이 다툴까요? 일반적으로 결혼 생활에는 세 번 정도의 위기가 찾아오는 것 같아요. 결혼 초기 서로 다른 생활방식에 적응할 때, 출산 직후 몸이 지쳤을 때, 그리고 아이가 자라 교육에 대한 의견이 맞지 않았을 때예요. 앞으로도 수많은 위기가 찾아오겠지만 결혼 10년 차인 제가 상상할 수 있는 범위는 여기까지입니다. 주인공 호진이의 나이는 열세 살, 바로 세 번째 위기가 찾아왔습니다. 엄마는 호진이가 다닐 학원을 하나라도 더 늘리려고 일을 시작했고, 아빠는 호진이가 불 꺼진 집에 들어가는 게 싫습니다. 아빠는 아이를 방치한다며 엄마를 비난하고, 엄마는 이게 다 아빠가 무능력하기 때문이라고 합니다. 호진이는 학원도 공부도 싫어요. 그렇게 부부의 갈등은 최고조에 달하고 결국 이혼 얘기까지 나옵니다.

호진이는 복수를 계획합니다. 부모님이 걱정하고 후회하게 만들고 싶어요. 그러려면 삼촌한테 가야 합니다. 대학도 못 가고, 직장도 없고, 결혼도 못 한 삼촌을 두고 사람들은 실패한 인생이라고 말합니다. 그런 삼촌한테 가면 엄마, 아빠가 깜짝 놀랄 거거든요. 그래서 호진이는 밤 기차를 타고 광주까지 갑니다. 알고 보니 삼촌의 직업은 자전거 여행 가이드였어요. 서로 다른 사연을 품고 모인 열두 명의 사람들이 광주에서 속초까지 자전거 순례를 시작합니다. 무려 11박 12일이에요. 하루만 학원을 빼먹어도 엄마가 펄쩍 뛰는데 이 긴 시간 동안 호진이는 무사히 여행을 마칠 수 있을까요?

저는 중학교 때 가출을 꿈꾼 적이 있어요. 호진이와 꼭 같은 마음이었습니다. 언니들은 모두 대학에 다니느라 다른 지역에 살고 있었고 저는 엄마와 둘이 살았습니다. 엄마는 엄마대로 저는 저대로 각자의 인생이 고달파서 한참 예민했습니다. 말로 서로에게 상처를 주었지요. 그런데 둘뿐이라 중재해 줄 사람도, 위로해 줄 사람도 없었어요. 상처를 혼자 안고 있다 보니 속이 곪아 터질 것 같았어요. 그래서 훌쩍 떠나고 싶었습니다. 지금 생각해 보면 참 철없는 마음이었는데 그렇게라도 제 상처를 엄마에게 알리고 싶었나 봅니다. 호진이도 꾹꾹 눌러 담았던 화를 끄집어내어 엄마, 아빠에게 보여 주려고 합니다. 책 제목에 '불량한'이 들어갈 수밖에 없어요.

호진이가 여행 시작부터 자전거를 탄 것은 아니었습니다. 처음엔 간식 담당이었어요. 삼촌과 함께 시장을 보고, 식사 준비에 설거지까지 했어요. 하루가 정말 바빴습니다. 고생도 그런 고생이 없었어요. 당장 그만두고 싶었지만 갈 곳이 없으니 버틸 수밖에요. 그러다 참가자 중 한 명이 부상을 당했고 삼촌은 그 자전거를 호진이에게 맡겼어요. 아무 생각 말고 자전거만 타라고 하면서요. 호진이는 그렇게 넘을 수 없을 것 같았던 산을 넘었어요. 포기하고 싶은 자기 자신과 싸우면서 호진이는 조금씩 달라집니다. 집과 학교, 학원만 오가던 몸은 아름다운 산과 들을 누빕니다. 처음 만나는 사람과 어울리고 혼자라면 생각도 못 했을 것들을 두려움 없이 해냅니다. 낯선 길 위에서 호진이의 뜨거운 성장이 일어나요.

저는 2년 전에 학교에서 참 힘든 일을 겪었습니다. 교사를 그만두고 싶었어요. 정신없이 바쁜 하루를 보내고 밤에 눕기만 하면 베개가 다 젖도록 눈물이 쏟아졌습니다. 쉬고 싶지만 쉴 수가 없었어요. 엄마 역할도 교사 역할도 다 내려놓고 나부터 달래고 싶었지만 그럴 수 없었습니다. 세상 모든 엄마가 그렇잖아요. 몸이 고장 나야 쉬어요. 고장 나기 전까지는 쉴 새 없이 소진합니다. 저는 그때 몸과 마음이 모두 망가졌어요. 이대로는 안 되겠다 싶어 정신건강의학과에 가서 진료를 받았지만 회복되지 않았어요.

갑작스러운 사고로 오늘 당장 죽을 수도 있다고 상상하니 내 인생에게 너무 미안했어요. 그래서 필라테스를 시작했습니다. 필라테스, 이름만 들어도 왠지 고급스럽고 멋지잖아요. 연예인들이 필라테스 하는 사진도 인터넷에 많이 올라오고요. 부럽긴 해도 돈과 시간이 부족하니 엄두를 못 냈는데 된통 앓고 나니 마음먹어졌습니다. 2년 동안 꾸준히 했어요. 물론 필라테스 센터에 가기 전까지는 전쟁입니다. 아이 저녁 식사를 챙기고 잠자리 독서까지 하고 가느라 늘 바빴어요. 그런데 일단 가기만 하면 한 시간 동안은 오롯이 나만 생각할 수 있었어요. 내 의지와는 전혀 다르게 움직이는 몸을 쓰느라 일상의 걱정을 잊었습니다. 땀을 흘리고 깊은 호흡을 들이쉬며 마음을 치료했어요. 저도 호진이처럼 낯선 장소와 땀방울 덕분에 스스로에게 집중할 수 있었어요.

6학년 아이들에게 꿈이 뭐냐고 물어보면 없다고 하는 친구들이 의외로 많습니다. 저학년 때는 꿈이 너무 많아서, 자주 바뀌어서 걱정이더니 이제는 꿈이 없다고 말합니다. 자신이 좋아하는 것, 잘하는 것이 무엇인지 고민해야 합니다. 아이들이 세상의 기준이나 부모의 기대를 쫓기보다 자기 안에 있는 씨앗을 찾으면 좋겠습니다. '난 뭘 잘하지?' 호진이가 자전거 여행을 하는 내내 스스로에게 질문을 던졌던 것처럼요.

함께 읽을 만한 책으로 《페인트》(이희영, 창비, 2019)를 추천합니다. 호진이는 부모에 대한 불만과 원망으로 집을 뛰쳐나갔어요. 만약 아이가 부모를 고를 수 있다면 어떨까요? 갈등 없이 완전한 가정을 꾸릴 수 있을까요? 《페인트》는 엄격한 서  류심사와 심리검사, 그리고 인터뷰를 통해 자식이 부모를 선택하는 이야기입니다. 부모의 자격과 가족의 의미에 대한 묵직한 메시지를 던져요.

우리 아이 책 읽게 만드는 북 토크

1. 아이의 마음을 어루만지는 대화

엄마랑 아빠는 마음도 다르고 생각도 다른 두 사람이야. 모든 일에 의견이 맞으면 좋겠지만 그렇지 않은 경우도 많단다. 혹시라도 엄마 아빠가 네 문제로 다투더라도 네가 꼭 잊지 말아야 할 것이 있어. 너 때문에 싸우는 게 아니라는 거야. 무엇이 너를 위한 방법인지 궁리하느라 그런 거란다. 그러니 '나만 없으면 엄마 아빠가 더이상 싸우지 않겠구나.' 같은 생각은 절대로 하지 마.

2. 아이의 호기심을 자극하는 대화

엄마도 호진이와 비슷한 여행을 한 적이 있어. 대학교 2학년 여름방학 때였지. 나비를 채집하고 연구하는 학술동아리 친구들과 일주일 동안 남해안을 돌아다녔어. 배낭과 텐트가 어찌나 무겁던지 매일 어깨가 아팠단다. 하루는 바닷가 모래사장에 텐트를 치고 자는데 밤사이 파도가 발밑까지 밀려와 텐트를 옮긴 적도 있었어. 포근하고 안전한 내 방, 내 침대, 내 이불이 얼마나 그리웠는지 몰라. 길 위에서만 얻을 수 있는 깨달음이 있지.

3. 삶의 가치관을 정립하는 대화

호진이 엄마는 석기 삼촌을 '사회 부적응자'라고 표현했어. 정말 그럴까? 호진이 엄마가 사회 적응 여부를 판가름하는 기준은 과연 무엇일까? 아마 이름난 대학이나 직장이겠지. 하지만 무슨 일을 하느냐보다 어떤 삶을 사느냐가 중요해. 남들이 부러워하는 직업을 가졌으면서도 스스로 만족감을 느끼지 못하는 경우도 많아. 남들과 조금 다른 길을 가더라도 선한 영향력을 발휘하며 살아가는 석기 삼촌이야말로 진짜 성공한 사람이 아닐까?

《열두 살에 부자가 된 키라》

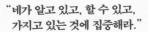

"네가 알고 있고, 할 수 있고,
가지고 있는 것에 집중해라."

이 책은 제 인생을 바꾸어 준 책입니다. 책에 나온 두 가지 조언 때문이에요. '첫째, 다른 사람들의 문제를 해결해 줄 방법을 찾아라. 둘째, 네가 알고 있고, 할 수 있고, 가지고 있는 것에 집중해라.' 제가 그동안 많은 고민을 거듭해 온 것은 다름 아닌 독서 교육, 그중에서도 초등 고학년 독서 교육이었습니다. 이 흔적들을 기록해 두면 다른 사람들의 문제를 해결해 줄 수 있지 않을까 생각했어요. 제가 저녁 식사를 준비할 때 '요리'를 검색하고, 살을 빼고 싶을 때 '운동'을 검색하는 것처럼 누군가에게는 제 경험이 필요할지 모르니까요.

기록은 인스타그램에 했어요. 처음에는 어린이 책의 줄거리 위주로 서너 줄만 짧게 기록했습니다. 나중에는 사람들의 반응을 얻으면서 조금 더 길어졌어요. 개인적인 경험과 감상을 덧붙였습니다. 관심 분야가 비슷한 사람끼리 관계를 맺다 보니 서로의 얼굴은 몰라도 나누는 대화는 깊고 풍성했어요. 내 것을 나누어 주려고 시작했는데 배우는 게 더 많았습니다. 그러다 책 쓰는 사람들의 이야기를 만났고 제 오랜 꿈을 이루었습니다. 인스타그램이 꿈의 씨앗이 되었고, 그 씨앗을 제게 날려 보내 준 사람이 바로 이 책의 주인공 '키라'였죠. 때로는 기적처럼 어린이 책 한 권이 어른의 인생을 바꾸기도 합니다.

열두 살 키라는 용돈을 아껴 좋아하는 그룹의 CD를 사고, 용돈이 오르면 얼마나 좋을까를 상상하는 평범한 소녀입니다. 그러던 어느 날 말하는 개 '머니'를 만나요. 머니는 키라에게 부자가 되고 싶은 이유 열 가지를 적어 보라고 합니다. 적는다고 달라질까요? 확실히 달라졌어요. 머니의 말에 따르면 사람들 대부분은 자신이 하려는 일을 정확하게 잘 모른대요. 그저 많이 하려고만 하고요. 키라도 적어 보고 나서야 깨달았어요. 자신이 얼마나 꿈을 막연하게 꾸었는지 말이에요. 키라는 머니 덕분에 꿈을 이루기 위한 구체적인 행동을 하기 시작합니다.

일단 부자가 되고 싶은 열 가지 이유 중에 가장 중요한 세 가지를 고른 후, 날마다 쳐다봤어요. 글로 표현하면 덜 생생하니까 소원과 관련된 그림을 찾아 붙이고, 각 소원마다 소원 상자를 하나씩 만들어 돈을 저금하기로 합니다. 그런데 돈을 어떻게 벌죠? 용돈으로는 어림

없어요. 이때 키라는 자신이 알고 있고, 할 수 있고, 가지고 있는 것에 집중합니다. 그리고 이웃집 개를 산책시키기로 해요. 나이가 너무 어려서, 일할 기회가 없는 동네여서 돈을 벌 수 없다고 생각했는데 자꾸 돈 벌 일이 생깁니다. 그래서 키라는 진짜로 열두 살에 부자가 되었어요.

키라가 부자가 되는 과정이 순조롭기만 했던 것은 아닙니다. 가장 견디기 힘들었던 것은 가족들의 시선이었어요. 엄마는 키라의 소원 상자를 보고 비웃었습니다. 그렇게 돈을 모았다가는 꿈을 이루는 데 50년은 걸리겠다면서 말이에요. 키라는 화가 나고 눈물이 흘렀어요. 아빠에게 돈 관리에 대한 자신의 의견을 말하자 아빠는 "돈 박사가 다 되었다."라며 빈정거렸습니다. 키라가 얼마나 속상했을지 압니다. 저도 비슷한 경험이 있거든요.

밤마다 아이를 재운 후 식탁에 책을 쌓아 두고 노트북을 켜면 졸음이 쏟아졌어요. 그래도 책 읽는 시간과 뭐라도 쓰는 순간이 좋았지요. 어느 날은 엎드려 자기도 하고 벽에 기댄 채 꾸벅꾸벅 졸기도 했습니다. 그러면 남편이 지나가다가 몰래 사진을 찍고 며칠씩 놀렸어요. 잠이 오면 자면 되는데 왜 거기 앉아서 그러고 있냐고 했죠. 그런 남편에게 내 이름으로 된 책을 쓰고 싶어 그런다는 말을 할 수 없었어요.

그런데 제가 출판사에 원고를 투고하고 몇몇 출판사들로부터 출간 제안을 받자 남편의 태도가 달라졌어요. 키라가 부자가 되니 부모님이 키라를 믿고 응원해 준 것처럼요. 남편은 제가 집중할 수 있도록 집안일과 아이 돌보는 일에 적극적으로 나섰어요. 가장 고맙고 놀라운 변화는 아이에게 책을 읽어 주는 모습이 달라졌다는 거예요. 그전까지 남편은 아이나 제가 요구할 때만 책을 펼쳤어요. 그런데 본인이 먼저 책을 읽어 주기 시작했어요. 랩 하듯이 빨리 읽거나 내용을 바꾸어 장난스럽게 읽어 주던 것이 꽤나 진지하게 바뀌었어요. 관심 없는 척하더니 제 원고며 인스타그램이며 슬쩍슬쩍 보고 있었나 봅니다. 이럴 줄 알았으면 진즉에 책 쓰기에 도전할 걸 그랬어요.

인생에서 돈은 중요할까요? 키라의 부모님은 키라에게 돈이 인생의 전부가 아니라고 말하며 돈보다 중요한 게 많다고 가르쳐요. 하지만 키라 눈에 돈이 많은 골트슈테른 아저씨는 행복해 보이고, 돈이 없는 부모님은 불행해 보입니다. 두 분은 돈 때문에 항상 싸우고 우울해합니다. 돈이 많다고 모두 행복한 것은 아니지만, 돈이 없으면 불편하고 몸과 마음이 힘들어지기도 해요. 부모가 말로는 돈이 중요한 게 아니라고 하면서 아이 앞에서 돈 걱정하는 모습을 자주 보인다면 아이는 혼란스러워합니다.

저는 돈에 어두운 사람이에요. 부동산 투자니, 주식이니 말만 들어도 머리가 지끈거립니다. 그러면서도 내 아이는 경제적으로 풍요롭게 살았으면 좋겠어요. 아이에게 이 책으로 경제교육을 하려고 합니다. "용돈을 아껴 써라.", "합리적인 소비를 해라." 같은 백 마디 잔소리보다 재미있는 이야기책 한 권이 더 생생한 가르침이 될 수 있어요. 지금 당장 아이에게 바라는 것은 키라처럼 이웃집 개를 산책시키거나 주식에 투자하는 게 아니에요. 돈의 가치를 알고 적은 돈도 허투루 쓰지 않으며 물건을 소중히 생각하면 좋겠어요.

함께 읽을 만한 책으로 《시간을 파는 상점》(김선영, 자음과모음, 2012)을 추천합니다. 엄마와 둘이 사는 온조는 바쁜 시간을 쪼개 아르바이트를 합니다. 그런데 한 번은 사장님이 정의롭지 못해서, 또 한 번은 일이 너무 고되서 그만둡니다. 온조는 실패를 딛고 인터넷에 '시간을 파는 상점'을 오픈해 운영하면서 세 친구를 만나요. 돈을 벌기 위해 시작한 일이지만 그 과정에서 돈보다 더 중요한 것을 배웁니다.

1. 아이의 흥미를 이끌어 내는 대화

'알고 있고, 할 수 있고, 가지고 있는 것'이 돈이 될 수 있을까? 요즘은 1인 미디어가 발달해서 자신이 좋아하는 분야에서 콘텐츠를 만들어 돈을 버는 경우가 많아. 음식을 맛있게 잘 먹는 영상으로 돈을 번다는 걸 예전에는 상상조차 못 했지. 물론 시장이 커진 만큼 그 안에서 차별성을 갖고 주목을 받는 건 어려워. 아빠도 유튜브와 네이버TV 활동을 열심히 하시잖아. '딸과의 여행', '딸과 함께 춤추기'라는 아빠만의 콘텐츠가 언젠가는 많은 사람의 관심을 받으면 좋겠다.

2. 아이의 관심사를 찾는 대화

우리도 키라처럼 소원 목록 열 가지를 적어 보자. 생각만 하는 것과 종이에 적는 것은 다르다고 했어. 엄마의 소원 목록은 ① 책 쓰기 ② 포털사이트에 인물 등록하기 ③ 〈세바시〉(세상을 바꾸는 시간 15분) 강연하기 ④ 어린이 책을 함께 읽는 어른들 독서 모임 꾸리기 ⑤ 스웨덴에 가서 린드그렌 선생님 흔적 찾기 ⑥ 제주도 한 달 살기 ⑦ 너와 함께 전국 미술관 탐방하기 ⑧ 아빠 도움 없이 너랑 둘이 외국 여행 가기. 어? 그런데 왜 열 가지가 안 될까? 평소에 하고 싶은 것은 많지만 시간과 능력이 부족하다고 생각했는데 말이야. 막상 적어 보니 구체적인 꿈과 목표를 갖고 있지 않았다는 게 느껴져.

3. 자신감을 불어넣어 주는 대화

오늘부터 성공 일기를 써 보자. 하루에 하나만 써도 되고. 머니는 성공 일기를 쓰다 보면 자신감이 생긴다고 했어. 안 된다는 부정적인 생각을 없애 준다고 했지. 그리고 꿈을 이루는 과정에서 힘든 일이 생길 때마다 성공 일기를 꺼내 보는 거야. 엄마가 오늘 쓸 성공 일기는 이거야. '아무리 바빠도 일주일에 한 번 아이와 함께 도서관 가기를 실천함. 무인반납기 앞에서 헤매는 아이를 보면서 대신 해결해 주고 싶었지만 끝까지 기다림.' 생각해 보니 엄마의 부지런함과 인내심이 자랑스럽게 느껴지네.

《헨쇼 선생님께》

"어쩌면 저는 사람들 관심을 끌지 못하는
애인지도 몰라요."

평범한 아이, 아니 스스로를 평범하다고 생각했던 아이 '리'가 숙
제 때문에 헨쇼 작가에게 편지를 쓰기 시작합니다. 처음 쓴 편지는
고작 세 줄이었어요. 그러던 것이 조금씩 길어집니다. 2학년 때부터
쓴 편지가 6학년까지 이어져요. 자기소개를 하고, 책에 대한 이야기
를 하고, 작가에게 질문을 던집니다. 그런데 이 작가님, 보통이 아니
에요. 대답마다 위트가 넘쳐요. "도서관에 가서 자료를 찾아보지도
않고 작가한테 이것저것 물어 대는 애를 잡아먹는 괴물이 좋다."라고
해요. 그리곤 자신이 받은 10개의 물음에 대한 보답인지 앙갚음인지
'리'에게도 10개의 물음을 던집니다. '리'는 그 물음들이 모두 시시하
다고 했고, 무지막지한 숙제라며 투덜댔어요. 답장할 생각은 조금도

없었지만 엄마의 잔소리에 어쩔 수 없이 답장을 쓰기 시작해요.

그 과정에서 '리'는 자기 자신과 가족, 친구를 들여다봅니다. '들여다봄'은 그냥 알고 느끼는 수준이 아니에요. 익숙하다고 여겼던 것들을 글로 표현하려니 구체적으로 살펴야 했습니다. 10개의 물음에 대답하는 편지는 모두 일곱 통이었어요. 11월에 시작해서 12월에 끝났습니다. '리'는 엄마 말씀대로 '의자에 엉덩이를 딱 붙이고 앉아' 답장을 썼어요. 이 과정은 그야말로 '자기 이해'의 시간이었습니다. 자신을 짜증 나게 하는 일이 무엇인지, 즐겁게 하는 일이 무엇인지 생각하다 보니 인생의 고독, 좌절, 희망, 행복을 발견했습니다. 아이들이 사춘기가 되면 '나는 누구인가?'를 지독하게 고민하죠. 머리가 가득 차서 주변의 작은 자극에도 민감하게 반응합니다. 이런 아이들에게 헨쇼 선생님의 10가지 물음을 던져 주고 하나씩 글로 풀어내 보게 하면 어떨까요?

'리'는 쓸쓸한 아이입니다. 부모의 이혼으로 엄마와 둘이 살아요. 엄마는 출장 요리사로 일하면서 간호조무사 자격증 공부도 하느라 바쁩니다. 트럭 운전사인 아빠는 전화하겠다는 약속을 번번이 어깁니다. 누군가 자신을 집에 초대해 주길 바라지만 그런 말을 해 주는 친구는 하나도 없어요. 학교 관리인 아저씨가 '리'에게 하는 말이 인상적입니다. "어느 누가 날마다 우거지상이나 하고 다니는 애랑 사귀고 싶어 하겠니?" '리'는 열세 살 인생의 외로움을 고스란히 얼굴에 드러내고 다녔던 겁니다.

'리'의 인생이 무거운 이유는 가족 때문입니다. '리'는 자신에게 무관심한 아빠를 이해할 수 없어요. 자기가 태어나지 않았더라면 엄마도 아빠의 트럭을 타고 같이 다녔을 테고, 그랬다면 이혼도 하지 않았을 거라 생각해요. 모든 게 자기 잘못 같아서 괴롭습니다. 아빠에 대한 그리움은 분노로 변해요. 아빠에게 전화를 기다렸다고 고백하자니 자존심이 상하고, 아빠랑 이혼한 엄마도 미워집니다.

이혼은 잘못도, 시행착오도 아닙니다. 더 행복해지기 위한 선택일 뿐이죠. 학교에서 이혼가정의 아이들을 보면 안타까운 순간이 많았어요. 힘들어하는 아이들을 볼 때마다 부모의 무책임함을 비난했습니다. 하지만 이것은 모두 제가 결혼하기 전의 일이에요. 결혼하고 살다 보니 알겠더라고요. 이혼은 결코 특별한 일이 아니었습니다. 누구에게나 언제든지 생길 수 있는 일이에요. 그런데 이걸 아이들이 이해하기는 어렵습니다. 그래서 자꾸 말해 줘야 합니다. '리'의 엄마처럼요.

리, 네 잘못이 아니야. 절대 그렇게 생각해서는 안 돼. 아빠는 좋은 점도 많은 사람이잖아. 우리가 이렇게 된 건 엄마 아빠가 너무 어린 나이에 결혼했기 때문이야. 또 네 아빠는 떠돌아다니는 생활이 가져다주는 짜릿한 쾌감을 사랑한 데 비해 엄마는 그렇지 않았다는 게 문제였을 뿐이야.

'리'의 엄마는 헤어진 남편을 나쁘게 말하지 않습니다. 남편에 대한 감정을 드러내지 않아요. 어린 나이에 결혼했다는 '사실', 서로 원하는 게 달랐다는 '사실'만을 말해 줄 뿐입니다.

'리'의 글쓰기 잠재력을 찾아 주고 꺼내어 보여 준 사람은 누구일까요? 엄마도, 헨쇼 선생님도 아닌 바로 '리' 자신입니다. '리'는 10개의 물음에 모두 대답하고 나니 왠지 글 쓰는 일이 그리워진다고 했어요. 편지를 쓰는 것이 독후감이나 보고서를 쓰는 것보다 좋다고 했습니다. 그리운 마음, 좋은 느낌을 스스로 알아차렸으니 자신의 숨어 있던 능력을 캐낸 것이죠. 진로를 결정하고 인생의 방향을 세우는 일은 자신의 마음을 알아채는 것에서 시작해야 합니다. 저도 제 마음을 들여다봅니다. 일상이 고되고 관계에 지칠 때 책을 통해 위로받아요. 아이들의 반짝이는 눈빛과 고갯짓에 제 마음이 머물러 저는 선생 노릇이 좋습니다. 앞으로도 계속 '책 읽는 선생'이고 싶습니다.

헨쇼 선생님에게 그저 그렇고 그런 '평균치 소년'이라고 자신을 소개했던 '리'가 글쓰기를 통해 자신을 특별한 존재로 인식하기 시작해요. 그리고 자존감을 회복합니다. 저 역시 스스로를 그렇고 그런 '평균치 교사', '평균치 엄마'라고 평가했던 시간이 있었음을 고백합니다. 우리 교실만은 남다르게 꾸리겠다 다짐했던 젊은 교사는 시간과 상처가 쌓이면서 그저 그런 교사가 되어 갔어요. 내 아이만은 특별하게 키우고 싶다던 초보 엄마는 적당히 현실과 타협하며 쉽고 편리한 방법들을 취했습니다. 그러다 문득 거울을 들여다보니 '이게 아닌데.' 싶어서 정신이 번쩍 들었습니다. 저는 오늘도 교사로서의 자존감, 엄마로서의 자존감을 높이기 위해 안간힘을 쓰고 있어요.

함께 읽을 만한 책으로 《안네의 일기》를 추천합니다. 열세 살 소녀 안네는 일기장에 '키티'라는 이름을 붙여 이야기하듯 일기를 씁니다. 말하듯이 썼기 때문에 책을 읽다 보면 안네의 목소리가 들리는 것 같아요. 안네의 가족은 히틀러의 유대인 박해를  피해 은신처에 숨어 지내는데요, 함께 사는 사람들의 성격, 그들 사이의 관계 변화를 묘사한 부분들이 정말 생생하고 재미있습니다.

우리 아이 책 읽게 만드는 북 토크

1. 자연스럽게 글쓰기를 권하는 대화

좋아하는 작가에게 편지를 써 보자. 엄마는 유은실 선생님께 편지를 쓰고 싶어. 유은실 선생님은 "책을 엄청 조금 읽은 어린 시절을 보내고 책을 엄청 많이 읽는 어린이 이야기를 써서 동화작가가 되었다."고 하셨는데 그 말이 참 인상적이었거든. 선생님 덕분에 비읍이를 만나 행복했고, 비읍이 덕분에 아스트리드 린드그렌을 알게 되어 감사했다고 전해야지. 과연 유은실 선생님께 답장을 받을 수 있을까?

2. 경험을 공유하고 공감하는 대화

나만 빼고 다른 사람들은 다 특별하고 뛰어나 보였던 적 있니? 엄마는 최근에 SNS 활동을 하면서 그런 경험을 했단다. 책을 읽고 감상을 기록하는 것은 그 기록 자체로 의미 있었어. 그뿐만 아니라 기록을 공유하는 데서 오는 기쁨도 컸지. 사람들이 엄마의 게시물에 좋은 반응을 보이면 뿌듯했거든. 그런데 다른 사람들의 화려한 활동을 보며 위축되기도 했어. 엄마와 나이가 비슷해 보이는데 뛰어난 역량을 발휘하고 있는 교사들을 보면 얼마나 부러웠는지 몰라. 지금 이대로 머물러 있으면 안 되겠다 생각했지.

3. 글쓰기 습관과 진지한 태도를 권유하는 대화

글쓰기는 많이 하면 할수록 실력이 늘어. 잘 쓰려고 욕심을 부리면 오히려 한 글자도 못 쓸 수도 있어. 나만이 할 수 있는 이야기, 내 안에서 빚어진 나의 말들을 글로 바꾸면 되는 거야. 헨쇼 선생님이 '리'에게 다른 사람의 글을 흉내 내지 말고 '너답게' 쓰라고 충고해 주신 것처럼 말이야. 책을 읽으면 여러 가지 생각이 떠오르니 독서 감상문부터 시작해도 좋아. 중요한 건 '리'처럼 꾸준히 쓰는 거야. 엄마도 일기든, 독서 노트든, SNS 게시물이든 쉬지 않고 쓰려고 노력 중이야. 하루 중 특별한 시간을 정해 놓고 글을 쓰니 좋더라.

《푸른 사자 와니니》

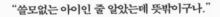

"쓸모없는 아이인 줄 알았는데 뜻밖이구나."

2019년에 6학년을 함께 했던 제자가 졸업하면서 제게 책 두 권을 선물했어요. 책으로 참 많은 교감을 했고 여러모로 애틋했던 아이였습니다. 몇 번을 사양했는데 꼭 선물하고 싶다고 해서 "그럼 선생님한테 선물하지 말고, 네 이름으로 후배들한테 기증해줘."라고 부탁했어요. 책 면지에 기증한 날짜와 아이 이름을 적었습니다. 그렇게 학급문고에 두 권의 특별한 책이 추가되었어요. 이 책은 그중에 한 권입니다. 1월에 받았는데 4월에 읽었어요. 이렇게 재미있는 책을 그동안 왜 묵혀 두었을까 생각해 보았습니다.

저는 원래 동물에 관심이 많지 않았어요. TV를 보다 동물 다큐멘터리가 나오면 채널을 돌렸고, 딸아이에게 읽히려고 사 둔 자연관찰

전집에도 손이 잘 안 갔습니다. 그런데 이 책을 읽자마자 동물들의 매력에 끌렸습니다. 제가 이제껏 동물원에서 본 것은 동물들의 생김 새와 몸짓, 울음소리가 고작이었음을 깨달았어요. 진짜 초원의 세계는 동물원과는 완전히 달랐습니다. 당장에라도 아프리카 초원으로 날아가고 싶었어요. 책에 나오는 동물들을 야생 그대로의 모습으로 만나고 싶었습니다.

표범은 스스로를 고귀한 동물로 여기며 흙에 배를 대고 자는 동물들을 몹시 깔본다. 흑멧돼지는 괴팍한 인상과는 달리 초원에서 가장 유쾌한 성격을 가지고 있다. 하이에나는 입에서 나오는 대로 마구 지껄이므로 못 믿을 족속이다. 코뿔소는 성품이 지나치게 우직해서 거짓말이 존재한다는 사실 자체를 모른다. 코끼리는 화를 내지 않고 거짓말하지도 않는다.

이렇게 동물들의 특징을 생김새나 먹이, 사는 곳, 짝짓기 방법 등으로 설명하지 않고 마치 사람의 성격을 묘사하듯 이야기하니 흥미로울 수밖에요. 저는 이 책을 읽고 나서 동물 다큐멘터리를 일부러 챙겨 보게 되었습니다.

이 책을 두 번째 읽고 나서는 무엇이 그토록 저를 사로잡았는지 알게 됐어요. 특별히 저를 끌어당긴 문장들이 있었던 겁니다.

그게 사자의 법이지.

그것이 초원의 법이다.

그게 사자의 죽음이지.

그것이 사자가 이별하는 법이다.

이 책에는 위와 같은 문장들이 유난히 많이 등장합니다. 자연의 거대한 법칙, 사자의 본성, 거스를 수 없는 운명에 압도당한 것이죠. 누군가 주술을 외워 사람을 홀리듯 이 문장들이 저를 홀렸습니다.

또 기본 스토리가 탄탄하고 재미있습니다. 초원의 전설 마디바가 이끄는 무리에서 풍요롭게 자라난 와니니는 우연한 사건으로 내쳐집니다. 무리에서 쫓겨난다는 것은 송곳니를 뽑히는 것보다 두려운 일이자 가장 무서운 벌이었어요. 심지어 사냥하는 법도, 무리를 이루는 법도 배우기 전이었습니다. 쫓겨난 와니니는 사자보다 약하다고 생각했던 동물들에게 무시당하고 위협당하고 조롱당했어요. 그러다 떠돌이 수사자 아산테와 잠보를 만납니다. 죽은 줄로만 알았던 친구 말라이카도 다시 만나고요. 그들은 그렇게 '와니니 무리'가 됩니다.

와니니는 리더가 되는 법을 배운 적이 없어요. 하지만 어느새 리더의 카리스마와 덕목을 갖추게 되었지요. 가까스로 첫 사냥에 성공했을 때 아산테와 잠보는 서로 더 많이 먹겠다고 싸웠습니다. 사냥에는 능해도 싸움에서는 밀리는 와니니였지만 두 사자에게 으름장을 놓습니다. 먹을 걸 두고 다툴 바에는 차라리 굶는 게 낫다며 첫 사냥감을 멀리 던져 버려요. 결단력이 대단하지요? 따르지 않을 수 없습니다.

와니니의 카리스마는 마디바를 닮았지만, 마디바와는 다른 모습의 리더가 됩니다. 마디바는 무리에 피해가 되면 인정사정없이 내쳤어요. 반면에 와니니는 약해 빠진 아이도 자상하게 돌보고, 경솔한 아이도 너그럽게 감싸고 쓸모없는 아이도 따뜻하게 품었어요. '와니니다운' 리더십을 발휘합니다.

작고 볼품없는 것들이 모여 무언가를 이루어 내는 모습은 보는 이로 하여금 뜨거운 감동과 희망을 느끼게 합니다. 와니니 무리가 그래요. 와니니는 제대로 된 사냥꾼으로 자라지 못할 아이라며 쫓겨났고, 말라이카는 심하게 다쳐 피 냄새를 풍겨 무리에 위험이 될 수 있다고 내쳐졌어요. 아산테는 인간의 총에 맞아 다리를 심하게 절었고, 잠보는 포악한 수사자 무투에게 가족을 잃고 혼자가 되었습니다. 이들 모두 혼자일 땐 약했어요. 혼자서는 아무것도 할 수 없었죠. 이름만 사자였지 하이에나에게도 잡아먹힐 수 있는 처지였어요. 하지만 이들이 함께일 땐 달랐습니다. 암사자는 본능적으로 사냥하는 법을 알았고, 수사자는 태어날 때부터 싸움에 뛰어났어요. 서로가 서로의 생존을 지켰습니다. 서로의 약함을 이해하고 보듬으며 살아남았어요.

책을 다 읽고 나니 표지 그림이 다시 보입니다. 암사자 두 마리와 수사자 두 마리, 바로 와니니 무리입니다. 밤의 실루엣처럼 표현되었지만 사자들의 표정이 상상됩니다. 한발 앞서 걷는 몸집이 작은 암사자 와니니는 보나 마나 비장한 표정일 겁니다. 마디바 무리에서 내쳐지는 순간부터 마디바의 아이로 다시 돌아갈 것을 꿈꿨지만 더 이상은 아니에요. 누구보다 용맹하고 따뜻한 리더가 되어 무리를 이끕니다. 그리고 어디서 어떤 일을 겪든 반드시 함께하겠다고 약속한 세 마리의 사자가 그 뒤를 따릅니다. 제목 위에 그려진 노란 왕관이 주인을 찾아가기까지의 과정이 주마등처럼 머릿속을 스치고 지나가요.

이 책을 아이들과 함께 읽고 난 후, 한 6학년 남학생이 저에게 "선생님 덕분에 인생 책을 만났어요."라고 했습니다. 웃음이 삐죽삐죽 새어 나왔어요. 참지 않고 그냥 와하하 웃어 버렸습니다. 이보다 더한 칭찬이 있을까요? 제가 모든 아이에게 인생 책을 찾아 줄 수는 없겠지만 책과 아이를 연결해 주는 일에 자부심을 느끼며 오늘도 어린이 책을 읽습니다.

함께 읽을 만한 책으로 《나는 비단길로 간다》를 추천합니다. 돌아가신 어머니를 대신해 상단을 지키겠다며 낯선 무역 길에 오른 열세 살 홍라의 이야기입니다. "나는 약하지만, 우리는 강해!"라고 했던 와니니처럼 홍라도 함께해 준 친구들 덕분에 무사히 여정을 마칩니다. 그 여정 속에서 많은 실패와 좌절을 경험하지만, 자신이 진짜 원하는 것을 찾아내는 모습도 와니니와 꼭 닮았어요.

우리 아이 책 읽게 만드는 북 토크

1. 생각의 힘을 키우는 대화

동물들의 특성을 묘사한 부분을 찾아보고 우리 주변 인물들을 동물에 비유해 보자. 남을 깔보는 표범부터 유쾌한 흑멧돼지, 함부로 말하는 하이에나, 우직한 코뿔소, 정직한 코끼리까지 모두 우리 주변에 한 명씩은 있지. 사랑스러운 우리 딸은 고양이 같아. 팔다리가 고양이처럼 유연해서 스트레칭도 잘하고, 호기심 가득한 눈은 언제나 고양이처럼 초롱초롱하니까.

2. 사회에 대한 관심을 키우는 대화

우리가 회사를 경영하고 이윤을 남겨야 하는 사장님이라고 생각해 보자. 힘이 약한, 다시 말해 능력이 부족한 직원을 어떻게 해야 할까? 마디바처럼 하루라도 빨리 내쳐야 할까, 아니면 와니니처럼 품어 주어야 할까? 이 책만 보면 마디바의 리더십은 틀렸고 와니니의 리더십이 맞다고 평가할 수 있어. 하지만 현실에서는 꼭 그렇지만은 않단다. 어떤 조직이냐에 따라, 어떤 상황이냐에 따라 달라지지.

3. 새로운 생각과 관점을 틔워 주는 대화

영화 〈라이온킹〉에서도 그렇고 이 책에서도 그렇고 하이에나는 참 나쁘게 그려져. 물론 재미를 위한 설정일 수도 있지만, 엄마가 하이에나라면 참 억울할 것 같아. 하이에나의 특징에 대해 좀 더 알아볼까? 하이에나는 다른 육식동물들이 먹다 버린 고기를 먹고, 다른 동물이 쓰던 동굴에 보금자리를 튼대. 아마 이런 특징 때문에 영화나 이야기책에서 간사하고 교활한 이미지로 많이 그려지나 봐. 그런데 엄마가 서울대공원 공식 블로그에서 보니까 하이에나는 강한 모성애와 높은 사회성도 가지고 있대. 그러니까 우리 하이에나를 너무 나쁘게만 생각하지 말자.

《무기 팔지 마세요!》

"진만이한테 총을 사 주지 않았으면 해요."

    초등학생의 활동 범위는 어디까지일까요? 특별한 경우가 아니라면 집, 학교, 학원 정도일 것입니다. 부모들은 아이들에게 다양한 경험을 하게 해 주려고 각종 체험학습이나 여행을 계획하지만 대부분 저학년 때 끝납니다. 딸아이를 데리고 미술관이나 과학관에 가 보면 고학년은 찾기 힘들어요. 저희 반 아이들에게 물어보니 부모님을 따라가기 귀찮다고 합니다. 집에 있는 게 더 편하대요. 어릴 때는 틈만 나면 밖에 나가 논다고 하더니 왜 이렇게 된 걸까요? 6학년 정도 되면 학원에서 많은 시간을 보내고 나머지 시간은 스마트폰과 물아일체가 됩니다. 저는 이게 늘 안타까워요. 새로운 곳에 가서 새로운 사람들을 만나고 그들의 목소리를 들으면 아이들의 세계가 넓어질 텐데 말입니다. 그런데 이 책의 주인공 보미를 보면 활동 범위가 좁은 평범한 초등학생도 어떻게 마음먹고 행동하느냐에 따라 세상을 뒤엎을 수 있다는 걸 깨닫게 됩니다.

이야기는 콩알만 한 작은 플라스틱 조각에서 시작돼요. 어느 날 보미가 교실에 들어갔을 때 경민이가 쏜 비비탄 총알이 보미의 이마를 때립니다. 보미가 이를 선생님께 말씀드리자 선생님은 남자아이들의 장난감 총을 모두 빼앗아요. 이에 화가 난 남자아이들은 보미에게 앙갚음합니다. 보미는 학교 밖에서는 총알에 시달리고, 학교 안에서는 왕따에 시달려요. 해결책을 궁리하던 보미는 경민이네 패거리 중 한 명인 진만이의 어머니를 찾아가 장난감 총을 사 주지 말라고 설득합니다. 보미의 영향력은 바로 여기서부터 커지기 시작해요.

보통 아이였다면 친구들이 괴롭힐 때 부모님께 도움을 요청하거나 아무에게도 말하지 못한 채 속앓이를 했을 거예요. 하지만 보미는 보통 아이가 아니었습니다. 진만이 어머니와의 대화는 학교에 벽보를 붙이는 일로 이어집니다. 벽보 내용에 찬성하는 아이들이 보미를 기꺼이 돕겠다고 나섭니다. 그리고 결국 거리 행진까지 벌이게 되지요. 보미가 처음부터 큰 그림을 그리고 일의 순서를 계획한 건 아니었어요. 어른들이 옆에서 도와준 것도 아니었고요. 이게 다 마음을 먹으면 곧바로 행동에 옮기는 보미의 성미 때문이에요. "난 이렇게까지 일을 키우고 싶지 않았어."라고 구시렁거리면서도 결정적인 순간마다 망설임 없이 행동하죠.

문방구 앞에서 찍힌 보미의 사진은 미국에 사는 제니에게 영향을 끼쳐요. '무기 판매 반대'라는 주제로 자료를 검색하던 제니가 우연히 보미의 사진을 보게 됩니다. 문방구를 무기 가게라고 오해하고 그 앞에서 시위를 벌이는 보미의 대담함에 몹시 감동하죠. 제니의 발표를 들은 선생님은 숙제 발표로 듣기에는 너무 아깝다며 학부모 모임에서 다시 한번 해 달라고 제안합니다. 보미의 일이 점점 커졌듯 제니의 일도 점점 커집니다. 한국에서 보미가 평화 모임을 만들고 거리행진을 이끌었듯 미국에서는 제니가 앞장서요. 이 모든 게 콩알만 한 비비탄 총알에서 시작되었다니 놀랍지 않나요?

사회 교과서나 도덕 교과서를 보면 '환경오염 문제를 해결하기 위해 우리가 실천할 수 있는 일은 무엇일까요?', '지구촌 갈등을 해결하기 위해 우리가 실천할 수 있는 일은 무엇일까요?'와 같은 질문이 많이 나옵니다. 질문 자체는 아주 훌륭해요. 다만 질문의 구조가 다소 진부한 느낌입니다. 문제를 먼저 주고 해결책을 찾으라고 하니 뻔한 해결책들만 나옵니다. 작년 아이들의 대답과 올해 아이들의 대답이 비슷해요. 저희 반 아이들과 옆 반 아이들의 대답이 크게 다르지 않아요. 하지만 보미와 제니는 자신의 문제에서 출발했습니다. 보미는 남자아이들이 자신을 괴롭히는 문제를, 제니는 총기 사고 때문에 학교 가기가 두렵다는 문제를 적극적으로 고민했어요. 궁리해 낸 해결

책을 말과 행동으로 옮겼지요. 무엇이 옳고 의미 있는지를 생각하고 그에 따라 행동하는 것, 이것을 '이상 품기'라고 부릅니다.

눈앞에 놓인 문제를 스스로의 힘으로 해결할 때 아이들은 자존감이 생깁니다. 자존감이 다져진 아이들은 또 다른 문제, 더 큰 문제를 만났을 때 회피하지 않아요. 부딪혀 상처 입고 쓰러지더라도 앞으로 떳떳하게 나아가서 자신의 영향력을 확인하고야 맙니다. 말로 설득하고 행동으로 보여 줍니다.

이 책의 작가는 서문에서 세상에 전쟁이 없어졌으면 좋겠다고 말합니다. 무기를 만드는 사람도, 파는 사람도 없어졌으면 좋겠다고 해요. 교실에서 '전쟁'이라는 말은 한반도 통일문제나 세계 평화를 공부하는 시간에 언급됩니다. '전쟁의 결과는 끔찍하다. 앞으로는 평화롭게 지내야 한다'가 수업의 정해진 결론이죠. 그런데 이 책을 읽은 후에는 전쟁과 무기의 관계에 대해서도 이야기 나눕니다.

며칠 전 과학관에 갔더니 어마어마한 크기의 탱크가 전시되어 있었습니다. 안내문에는 '실물 크기의 K2 전차와 함께 사진을 찍어 보세요.'라고 쓰여 있었어요. 아이들은 "우와!" 하고 감탄사를 내뱉더니 그 앞에서 포즈를 취합니다. 이 책을 읽기 전이었다면 아마 저도 비슷한 행동을 했을 거예요. 그런데 이 책을 읽고 나니 그것이 '멋진 탱크'가 아니라 '끔찍한 무기'로 보입니다. '미래 전투 환경과 생존성을 고려해 설계된 세계 수준의 전차로 스마트 기술이 탑재된 독보적인 모델이며 세계에서 인정받는 국산 전차'라는 설명을 읽으니 한숨이 나옵니다. 국민의 안전을 걱정하지 말고 국가 안보에 자부심을 가지라는 의도겠지요. 그런데 무기 광고 같이 느껴져 머리가 무거웠습니다. 딸아이가 제 옷을 잡아끌기 전까지 그 앞에 한참을 서 있었어요. 쉬이 발걸음이 떨어지지 않았습니다.

함께 읽을 만한 책으로 《아미동 아이들》을 추천합니다. 고향을 떠나 부산으로 피난 온 순동이 가족의 이야기로, 순동이네는 천막을 짓고 살다가 천막에 불이 나자 판잣집을 지어요. 일본인들의 공동묘지 위에 말입니다. 비석은 댓돌이 되고 일본 귀신이 돌아다닌다는 소문에 아이들은 몸서리칩니다. 전쟁의 끔찍함을 눈앞에 펼쳐 보여 주는 책이에요.

우리 아이 책 읽게 만드는 북 토크

1. 생각의 힘을 키우는 대화

이 책의 이야기가 시작되기 전, 작가가 효순이와 미선이에게 전하는 메시지가 있어. 네가 태어나기도 전인 2002년 6월의 일이야. 월드컵의 열기로 온 나라가 시끌벅적할 때였지. 경기도 양주의 작은 마을에서 여중생 두 명이 미군 장갑차에 압사당하는 끔찍한 사건이 발생했어. 장갑차 역시 전쟁에 쓰이는 무기잖아. 대체 어른들은 왜 전쟁을 하는 걸까? 그동안은 서로 생각이 달라 갈등하는 거라고만 여겼는데, 이 책을 읽고 나서는 새로운 의문이 생겨. 전쟁을 위해 무기를 만드는 걸까? 아니면 무기를 팔기 위해 전쟁을 멈추지 않는 걸까?

2. 사회적 단어를 깨우치고 나를 되돌아보게 하는 대화

엄마가 생각하기에 이 책의 핵심 키워드는 '영향력' 같아. 살면서 다른 사람에게 영향력을 끼쳐 본 적이 있니? 집과 학교만 오가는 엄마도 활동 반경이 좁아서 특별한 영향력을 발휘하지 못했다고 생각했어. 그런데 곰곰이 되짚어 보니 한 가지 경험이 떠오르네. 그건 바로 우리 아파트에 어린이집이 생기게 한 일이야. 원래 '보육시설'이라는 공간이 있었지만 구조적인 문제 때문에 오랫동안 비어 있었거든. 엄마는 너를 위해 지역맘 카페에 글을 올렸지. 엄마의 글을 본 어린이집 원장님이 그곳의 구조적인 문제를 해결하여 개원하셨고, 거기에 네가 다니게 된 거야. 어때? 이만하면 꽤 큰 영향력이지?

3. 아이의 마음을 들여다보는 대화

보미와 친구들이 무기 수거함을 만들었잖아. 그냥 말로만 "장난감 총을 사용하지 마세요. 장난감 총을 버리세요."라고 하는 것보다 눈에 빤히 보이게 수거함을 만드니까 친구들이 적극적으로 참여했고 효과도 좋았어. 우리도 수거함을 만들어 볼까? 평소에 없어졌으면 좋겠다고 생각한 것들을 담아 두는 거야. 엄마는 스마트폰 수거함, 욕 수거함, 무관심 수거함을 만들고 싶어.

6

우리 아이를
따뜻이 보듬는 책
BEST 5

《우아한 거짓말》

"당신은 혹시 예비 살인자는 아닙니까?"

열네 살 소녀 천지가 세상을 떠났습니다. 스스로 선택한 죽음이었어요. 언니에게 책상을 리폼해 주기로 약속했던 동생이었습니다. 죽을 이유가 없었어요. 어쩌면 오래전부터 이유가 있었는데 아무도 알아채지 못한 걸까요? 유서도 남기지 않은 쓸쓸한 죽음이었습니다.

언니 만지는 동생이 죽은 이유를 밝히는 게 자신의 몫이라 생각합니다. 먼저 천지의 단짝이었던 화연을 만나요. 화연은 천지 뒤에서 욕도 하고 흉도 보고 그랬다며 잘못한 게 많았다고 하네요. 천지는 학교폭력을 당하고 있었던 걸까요? 다음은 도서관에 가서 천지의 도서 대출 목록을 확인합니다. 우울증에 관한 책을 많이 빌렸네요. 우울증은 할 일 없는 사람이 걸리는 병이라고 생각했는데, 늘 바쁘게 움직이던 동생이 우울증이었을까요?

천지는 유서 대신 다섯 개의 봉인 실을 남겼습니다. 붉은 털실 뭉치를 다 풀어내면 실패가 툭! 하고 떨어지는데 거기에 메시지가 있습니다. 첫 번째 수신인은 엄마입니다. 엄마보다 먼저 가서 미안하다고 하네요. 고달픈 삶이지만 두 딸이 인생의 전부고 자랑이었던 엄마는 인생의 절반을 잃었습니다. 두 번째 수신인은 만지입니다. 항상 부러웠다고 하네요. 자매는 누가 봐도 너무 달랐습니다. 만지는 무뚝뚝하고 건성건성이었고, 천지는 부드럽고 섬세했습니다. 세 번째 수신인은 화연입니다. 참 밉지만 용서는 하고 간다고 하네요. 화연은 천지를 관상용 친구, 화풀이용 친구로 간주하며 괴롭혔던 아이입니다. 네 번째 수신인은 미라입니다. 알아도 가슴에 담아 둘 수는 없었냐고 묻네요. 미라는 알면서 당하는 건 착한 게 아니라 멍청한 거라며 누구 하나가 죽어야 끝난다고 했습니다. 다섯 번째 수신인은 천지 자신입니다. 어떤 메시지를 남겼는지 등장인물도 독자도 끝내 알지 못합니다.

자, 이제 가해자가 누군지 가려졌나요? 화연은 '그저 장난을 좀 친 것뿐'이라고 합니다. 잔인하게 때리거나 가두지도 않았다고요. 하지만 화연은 생일파티에 친구들을 초대하면서 천지에게만 약속 시간을 한 시간 늦게 알려줬습니다. 또 아이들에게 천지 아빠가 자살했다고 말했어요. 물론 근거 없는 말이었습니다. 사과는 언제나 쉬웠어요.

"몰랐어. 미안. 사과했으니까 화 풀어." 저는 화연의 이런 장난과 사과만큼 친구들의 반응도 끔찍했습니다. 화연에게는 뒤끝이 없다고 했고, 천지에게는 다가가기 힘든 아이라고 했습니다. 학교에서도 사회에서도 저에게 상처를 주는 사람은 항상 이렇게 '뒤끝 없는 사람'이었습니다. 뒤끝 없는 사람들의 말 몇 마디에 저는 며칠 내내 가슴앓이를 했지요. 상처를 받았으면서 '나는 왜 이렇게 예민할까?', '왜 이렇게 남의 말을 쉽게 털어 내지 못하고 담아 둘까?' 하며 반성까지 했습니다. 예민한 게 잘못이 아니라 상대를 배려하지 않는 말이 잘못이라는 걸 뒤늦게야 알았습니다.

천지는 눈에 보이는 게 전부가 아니라고 했어요. 다른 사람의 생을 OX 퀴즈처럼 안다, 모른다로 결정지으면 안 된다고요. 천지는 어떤 아이였을까요? 엄마에게는 어른스럽고 믿음직스러운 딸이었고 언니에게는 온순하고 착실한 동생이었어요. 화연에게는 남 주자니 싫고 가지자니 더 싫은 친구였습니다. 선생님에게는 뭐든 잘하는 학생이었지요. 이들이 보는 천지의 모습이 진짜였을까요?

천지는 자신을 투명인간이라고 느낍니다. 잦은 전학보다 더 싫은 건 자기소개였습니다. 딱히 잘하는 것도 없고, 있다 해도 자랑처럼 말하고 싶지 않았어요. 천지는 그런 아이였습니다. 화연의 괴롭힘이 얼마나 영악한지 누구보다 잘 알고 있었지만 맞서지 않았어요. 천지의 속앓이에 가슴이 먹먹해집니다.

여학생들, 특히 고학년 여학생들에게 친구 문제는 가장 중요합니다. 학급 생활지도에서 제일 많은 시간과 에너지가 드는 것도 여학생들의 친구 문제입니다. 사실 들어 보면 별거 아니에요. "쟤가 제 카톡 프로필 사진을 따라 했어요.", "인사했는데 무시했어요.", "뒷말을 했으면서 안 했다고 해요." 하지만 이게 아이들에게는 별거입니다. 학교 오기 싫을 만큼 큰 문제예요. 부모님이나 선생님의 조언이 별다른 도움이 되지 않는 경우가 더 많습니다.

제가 해 줄 수 있는 것은 두 가지예요. 하나는 공감입니다. "네가 정말 힘들었겠다. 선생님도 옛날에 그랬어." 아이들이 겪는 감정의 문제는 제가 그 나이 때 겪었던 그것과 크게 다르지 않습니다. 아이들이 듣고 싶은 말은 "다 지나간다. 어차피 지금 친구가 평생 친구도 아니다."가 아니라 "엄마도 옛날에 그랬었는데 참 많이 힘들더라. 너도 그렇구나."가 아닐까요? 두 번째는 상처를 준 말에 대한 분명한 알아차림과 사과입니다. 내뱉은 사람은 그 말이 상처가 되는 줄도 모릅니다. 그러니 명확히 알려야 합니다. "네가 한 그 말은 나에게 이런 기분이 들게 해. 그러니 다음부턴 그렇게 말하지 말아 줘."

나름대로는 기준을 정하고 아이들을 지도한다고 하는데도 늘 어렵습니다. 책 속의 아이들에게는 마음을 기대고 털어놓을 어른이 없었습니다. 누구라도 들어 주었다면 천지도 화연도 그렇게 되진 않았을 거예요. 천지 엄마는 "걔들이랑 놀지 마."라고 했습니다. 직면이 아닌 회피입니다. 게다가 천지는 개들 아니면 놀 사람이 없었는걸요. 화연 엄마는 화연의 문제 행동을 알리는 학원 선생님의 전화에 "어려서 그러지요. 좀 크면 나아지겠지요."라고 합니다. 역시나 회피입니다. 급기야 학원을 그만두라는 통보를 받자 화연의 엄마는 화연을 심하게 때립니다. 초주검이 되도록 맞은 화연이 문제 행동을 멈추었을까요? 아닙니다. 방법이 더 교묘해져요. 그 희생양이 천지가 된 겁니다.

어른들은 "공부만 잘하면 되지. 뭐 그리 복잡할 게 있어."라고 생각하는 아이들의 삶. 알고 보면 어른보다 더 어렵고 힘듭니다. 그러니 그 시간을 먼저 겪어 낸 우리가 아이의 목소리를 들어 주어야 합니다. '엄마는 언제나 네 이야기를 들어 줄 준비가 되어 있어.'라는 메시지를 끊임없이 보내야 합니다.

함께 읽을 책으로 《방관자》(제임스 프렐러(김상우 옮김), 미래인, 2012)를 추천합니다. 열세 살 에릭은 전학 간 학교에서 재치 있고 친절하며 매력적인 그리핀을 만나요. 그런데 좋은 친구인 줄 알았던 그리핀의 진짜 모습을 보고 충격에 빠집니다. 학교폭력을

주제로 하면서도 극적으로 후회하거나 용서하는 모습이 없어 더 오싹한 책이었어요.

우리 아이 책 읽게 만드는 북 토크

1. 생명의 소중함을 알려 주는 대화

자살을 이해할 수 있니? 천지의 선택은 정말 최선이었을까? 뉴스에서 유명인들의 자살 소식을 접할 때마다 엄마는 가슴이 쿵 하고 내려앉아. 정치인이든 연예인이든 어쨌든 남들이 갖지 못한 부와 명예, 권력을 손에 쥔 사람들이잖아. 그 삶을 동경하던 평범한 사람들이 그 죽음까지 따라 할까 봐 걱정이야. 생명은 소중해. 어떤 경우에라도 자신의 생명을 버리는 선택을 해서는 안 돼.

2. 아이가 겪는 문제를 알 수 있는 대화

너를 가장 힘들게 하는 친구는 어떤 유형의 친구니? 엄마는 어릴 때 성격 좋다, 뒤끝 없다는 평가를 받던 친구들의 말 한마디가 그렇게 힘들었어. 그 말을 상처가 되는 줄도 모르고 내뱉은 친구는 유쾌한 아이로 인정받으면서 언제나 무리를 이끌었지. 반면에 그 말의 의미를 곱씹으며 생각에 잠긴 엄마는 어느새 꽁한 아이, 예민한 아이가 되어 있었어. 예민하다는 평가가 싫어서 가볍게 넘기려 애썼지만 그건 진짜 내 모습이 아니었어.

3. 자존감을 일깨워 주는 대화

존재를 확인받고 증명해 보이고 싶은 건 인간의 본능이야. 자기소개를 힘들어했던 천지도, 돈으로 친구들의 환심을 사려고 했던 화연도 결국 그 존재감을 느끼지 못해 힘들어했던 건 아닐까. 남에게 인정받는 것도 중요하지만 더 중요한 건 스스로를 인정해 주는 거야. 엄마는 네가 다른 사람의 시선을 의식하느라 너를 바꾸지 않았으면 좋겠어. 지금 그대로 네 모습도 충분히 사랑스럽고 멋지거든.

《샬롯의 거미줄》

"널 죽게 내버려 두지 않을 거야, 윌버."

　이 책은 첫 장면부터 어린이 독자들을 사로잡습니다. 여덟 살 펀은 돼지우리로 가는 아빠 손에 도끼가 들려 있어 이상하다고 느낍니다. 알고 보니 너무 작고 약해서 제구실을 못 하는 무녀리 돼지를 아빠가 죽이려는 것이었죠. 펀은 아빠를 쫓아가 아빠의 손에서 도끼를 빼앗으려고 안간힘을 씁니다. 약한 놈은 골칫덩이라는 아빠의 말에 펀은 자기 몸집이 작았다면 자기도 죽였겠냐며 눈물로 호소합니다. 결국 아빠가 펀에게 져 줍니다. 갓 태어난 새끼 돼지는 그렇게 펀의 친구가 되었고 '윌버'라는 이름도 갖게 됩니다. 윌버의 낮은 즐거웠고, 밤은 평화로웠어요.

　이 책의 눈에 보이는 주제는 '거미 샬롯과 돼지 윌버의 아름다운 우정'입니다. 그런데 그게 다가 아니에요. 이야기는 좀 더 깊고 묵직합니다. 우리 삶에 두 가지 화두를 던져요. 하나는 '삶의 의미는 무엇인가?'입니다. 아늑하고 평화로운 헛간에서 만족스러운 삶을 살던 윌버는 어느 날 투덜거려요. "난 태어난 지 두 달도 안 됐는데 벌써 사는 게 시들해", "언제나 똑같아. 나는 너무 어리고, 여기 헛간에는 친구 하나 없고." 배를 두둑이 채우고 낮잠을 즐기는 것이 행복이라 생각했는데 갑자기 삶이 아무런 의미도 없는 것처럼 느껴져요. 윌버는 자신이 원하는 것은 먹이가 아니라 사랑임을 깨닫고 친구를 찾아 나섭니다. 그런데 친구 하나 찾기가 왜 이렇게 어려운 거죠? 윌버는 암거위, 새끼 양, 쥐에게 차례로 거절당하고 쓸쓸함을 느낍니다. 얼마나 쓸쓸했던지 두엄 더미에 몸을 던져 흐느껴 울어요.

또 다른 화두는 '삶을 어떻게 꾸려 나갈 것인가?'입니다. 크리스마스에 햄이 될 거라는 소식을 듣고 죽기 싫다며 몸부림치던 윌버는 샬롯의 거미줄 덕분에 목숨을 건져요. 샬롯이 처음 거미줄로 짠 글자는 '대단한 돼지'였고, 두 번째는 '근사해'였습니다. 그때 윌버는 "나는 근사하지 않아. 난 그냥 보통 돼지야."라고 했어요. 하지만 윌버는 친구의 위로와 사랑 덕분에 자신의 가치를 깨달아요. 스스로 대단하고 근사한 돼지라 믿고 그렇게 살려고 노력하죠. 세 번째 글자를 무엇으로 할까 의논하면서 윌버는 "지금은 내가 눈부시게 느껴지는데?"라고 말합니다. 우리의 윌버가 달라졌어요. 한편 샬롯은 죽기 전에 이런 말을 남깁니다. "어쩌면 난 널 도와줌으로써 내 삶을 조금이나마 승격시키려고 했던 건지도 모르겠어." 윌버와 샬롯 모두 자신의 삶을 꽤 멋지게 가꾸었습니다.

이렇게 농장 동물들의 에피소드를 보면서 삶의 의미와 방향성을 생각하다니. 아동 문학이라고 절대 만만하게 보면 안 됩니다. 어른이 보기에도 깊은 울림이 있어요. 아이들 덕분에 읽은 어린이 책에서 인생을 배웁니다.

다시 이 책의 눈에 보이는 주제 '우정' 이야기로 돌아가 봅니다. 끔찍한 외로움을 못 견디던 윌버에게 어느 날 선물처럼 친구가 나타납니다. "내가 네 친구가 되어 줄게." 샬롯은 자신의 목숨이 다하는 날까지 윌버를 돕습니다. 어리고 순진한 윌버와 달리 샬롯은 자신의 죽음을 예견하고 있었어요. 점점 쇠약해짐을 느꼈고 알주머니가 자신의 마지막 작품이 될 것을 알았어요. 하지만 윌버의 부탁으로 품평회장까지 기꺼이 따라갑니다. 샬롯의 힘없는 목소리를 듣고서야 그녀의 죽음을 알게 된 윌버는 슬퍼할 겨를이 없어요. 어떻게든 알주머니만큼은 헛간으로 가져가려고 템플턴에게 애원합니다. 절박한 윌버와는 달리 템플턴은 한껏 여유를 부리며 윌버의 말을 흉내 내고만 있어요. 그런 템플턴에게 윌버는 자신의 여물통에서 뭐든지 골라 먹게 해 준다고 약속합니다. 친구도 우정도 모르던 시절, 윌버에게 먹이는 가장 중요한 문제였어요. 그런데 이젠 아닙니다. 윌버와 샬롯의 마지막 대화가 얼마나 절절한지 저도 모르게 코끝이 시큰해집니다.

이 책을 두 번째 읽었을 때 새롭게 느껴지는 장면이 있었어요. 거미줄의 글자를 처음 발견하고 주커만 부부가 대화를 나누는 장면입니다. 주커만 씨가 "우리 돼지는 보통이 넘는다고." 하자, 주커만 부인이 "당신이 좀 틀린 것 같네요. 우리 거미가 보통이 넘는 것 같네요." 라고 말합니다. 이 부분을 읽으면서 저는 머리를 한 대 얻어맞은 것 같았어요. 거미줄에 글자가 새겨졌다면 그것은 거미가 대단한 것이지 돼지가 대단한 게 아니에요. 그런데도 사람들은 돼지를 구경하러 몰려들었고, 돼지를 농축산물 품평회에 내보내서 상을 받으려고 했어요. '대단한 돼지'라는 눈에 보이는 결과에만 주목합니다. 글자를 새긴 주체가 누구였는지는 관심이 없어요. 책 속에 등장하는 사람들도, 책을 읽는 저도 깜빡 속았어요.

이 책에는 등장인물의 성격을 묘사하는 어휘가 유난히 많이 나옵니다. 그동안 빈약한 몇 개의 단어들로 주변 사람들의 성격을 규정짓던 저를 반성해 봅니다. '지독하고 잔인하고 교활한 줄 알았으나 알고 보니 영리하고 침착하고 친절한 거미 샬롯. 도덕도 없고 양심도 없고 거리낌도 없고 남에 대한 배려도 없는 쥐 템플턴. 순진하고 사랑스럽고 용기와 희망에 찬 윌버.' 성격을 나타내는 다채로운 표현들에 감탄하며 읽었어요.

함께 읽을 만한 책으로 《어린 여우를 위한 무서운 이야기》(크리스

천 맥케이 하이디커(이원경 옮김), 밝은미래, 2020)를 추천합니
다. 앞발이 불편해 누나들에게 갖은 핍박을 받다 쫓
겨난 수컷 여우 율리가 죽을 위기에 처한 암컷 여우
미아를 구해 주면서 시작되는 이야기입니다. 두렵지
만 포기하지 않고 최악의 상황에서도 서로를 놓지
않는 어린 여우들의 우정이 뜨겁습니다. 400페이지의 두꺼운 책이라
처음에는 엄두를 못 내던 저희 반 아이들도 한 번 읽기 시작하니 멈
출 수 없었다고 하더군요.

1. 책의 흥미를 이끌어 내는 대화

엄마는 샬롯이 거미인데도 존경스럽다는 생각이 들었어. 친구를 다독이는 기술이 보통이 아니거든. "조금도 조급해하지 말고 조금도 염려하지 마! 건강하게 지내고 기죽지 마!" 샬롯이 이 말을 했을 때 엄마는 윌버가 부럽기까지 했어. 엄마가 잔뜩 움츠러들었을 때 누군가 다가와 걱정하지 말라고 말해 준다면 얼마나 든든할까. 게다가 어쩜 그렇게 고급스러운 낱말을 많이 알고 있는지. 평소에 길을 가다 거미를 발견하면 일단 무섭고 징그러운 느낌부터 들었는데 샬롯은 어쩐지 품격 있고 우아해 보여.

2. 새로운 관점을 보여 주는 대화

엄마는 이 책에서 인간의 아둔함을 꼬집은 부분이 인상적이었어. 샬롯이 윌버에게 퀸즈버러 다리 얘기를 하면서 거미줄보다 단단하지도, 효율적이지도 않다고 말하잖아. 게다가 거미줄은 먹이라도 잡지, 퀸즈버러 다리로는 아무것도 잡지 못한다고. 그냥 다리 저편에 무언가 더 좋은 게 있으리라고 생각하면서 다리를 가로질러서 왔다 갔다 할 뿐이라고. 샬롯이 보기에 인간은 목적의식도 없이 부랴부랴 바쁘게 움직이기만 하는 존재인 거지.

3. 생각의 힘을 키우는 대화

템플턴은 좋은 쥐일까, 나쁜 쥐일까? 썩은 거위 알을 갖겠다고 해서 농장 동물들이 혐오스러워 했지만 결국 그 거위 알 덕분에 개구쟁이 에이브리의 위협으로부터 샬롯이 무사할 수 있었잖아. 그리고 글자가 필요할 때마다 쓰레기 더미를 뒤져서 구해다 준 것도, 샬롯의 알주머니를 헛간으로 옮겨 준 것도 템플턴이었어. 물론 그 과정에서 템플턴이 기꺼운 마음으로, 친구들에 대한 사랑을 표현했다면 이 책의 주제는 '거미와 돼지와 쥐의 우정'이 되었겠지. 하지만 템플턴은 끝까지 못마땅하게 말하고, 짜증을 냈어. 자, 그렇다면 템플턴은 좋은 친구일까 아니면 나쁜 친구일까?

《검은 후드티 소년》

"그야, 뭐…… 아빠가 싫어하니까
저도 따라서 그런 거죠."

'틀딱충'이라는 말을 들어 보셨나요? '틀니를 딱딱거리는 벌레'라
는 뜻으로 노인을 비하하는 말입니다. 특정 집단에 적대감을 드러낸
혐오 표현이죠. 대체 이런 표현은 누가 처음 만든 것일까요? 사람은
모두 언젠가 노인이 되는데 나이가 많다는 이유로 혐오의 대상이 된
다니 서글프고 화가 납니다.

세상에는 많은 차별이 존재해요. 성차별, 장애인차별, 인종차별, 출
신 지역이나 학교에 따른 차별 등 소외된 집단을 아프게 하는 갖가지
편견들이 있습니다. 그런데 교실에서 아이들의 모습을 보면 남성 혹
은 여성이라는 이유로 무조건 적대시하는 경우는 드물어요. 몸이 불
편한 친구와도 잘 어울리고 다문화 가정의 친구와도 거리낌 없이 소

통합니다. 어쩌면 차별과 편견에 대한 교육은 어른들에게 더 필요할지도 모르겠습니다. 나와 '다른' 친구들과 조화롭게 잘 지내는 우리 어린이들이 이대로만 자라길 간절히 바랍니다.

아이들에게 인종차별과 관련된 독서 경험을 물어보니 두 권의 책을 이야기합니다. 어릴 때 읽은 위인전 《링컨》과 4학년 국어 교과서에 수록된 《사라, 버스를 타다》(윌리엄 밀러(박찬석 옮김), 사계절, 2004)입니다. 인종차별에 대한 생각을 묻자 아이들은 "인종차별은 나빠요.", "사람은 누구나 똑같은데 왜 인종차별을 하는지 모르겠어요."라며 흥분합니다. 나쁘다는 것은 알고 있지만 막연해요. 직접 경험해 본 적이 없고 당장 오늘의 삶에 영향을 주는 문제가 아니라서 그래요. 인종차별에 대한 구체적인 얘기를 나누고 싶었는데 이 책을 만났습니다. 반가웠어요.

주인공 제이는 한국에서 입양된 소년입니다. 몸이 약해 아이를 가질 수 없었던 엄마가 입양을 간절히 원했어요. 제이네 가족은 행복했습니다. 엄마가 돌아가시기 전까지는 말이에요. 엄마는 오랜 투병을 하다가 끝내 하늘나라로 떠났고 그 후 아빠는 웃음을 완전히 잃어버렸어요. 제이는 아빠에게 버림받을까 두렵습니다.

학교 친구 하비는 제이를 이유 없이 괴롭혀요. 가만히 있는 사람을 럭비공으로 때리고 사물함을 망가뜨려 놓고 일부러 어깨를 부딪쳐 넘어뜨립니다. 도대체 왜 그러냐고 물으니 이유 같은 건 생각해 본 적이 없다고 합니다. 그리고 대놓고 유색 인종을 비하해요. 친구 니콜은 "눈에는 눈! 이에는 이!"라며 하비의 자전거 브레이크 줄을 끊어 놓으라고 합니다. 그런데 마틴 형은 "눈에는 가슴! 이에도 가슴!"이라며 하비의 생각과 마음을 바꿔 놓으라고 합니다. 니콜과 마틴은 모두 흑인이에요. 제이는 누구의 방법을 따를지 고민합니다.

그러던 어느 날 절대로 일어나서는 안 될 일이 벌어집니다. 순찰 중이던 자경단장 짐머만이 마틴에게 총을 쏜 거예요. 짐머만은 마틴이 수상한 행동을 한다며 뒤를 쫓았어요. 그 수상한 행동이란 것은 두 팔을 비행기 날개처럼 펼치고 눈을 지그시 감은 채 걷는 거였는데 그건 마틴의 꿈이 비행기 조종사라 그런 거였어요. 또 빵빵하게 부푼 마틴의 후드티 주머니에 총이 있을 거라고 예상했지만 그건 그저 사탕 한 봉지와 음료수 캔이었습니다. 결국 짐머만은 마틴에게 총을 쏩니다. 마틴이 흑인이라는 이유로 과잉행동을 한 거지요. 마틴의 나이는 겨우 열일곱 살이었습니다.

마틴의 가족과 제이는 깊은 슬픔에 빠집니다. 그런데 짐머만이 무혐의로 석방됩니다. 흑인에 대한 가혹한 차별을 자주 경험한 마틴의 부모는 체념합니다. 하지만 제이는 아니에요. 숨이 가빠 오고 심장이 떨립니다. 받아들일 수 없어요. 뭐라도 해야겠다고 생각한 제이는 니콜, 하비와 함께 사건의 담당 형사를 만나러 갑니다. 그는 짐머만보다 더한 인종차별주의자였어요. 사건 당시 짐머만과 통화했던 911

상담센터 직원은 통화 기록을 내놓을 수 없다고 합니다. 어렵게 얻은 직장을 잃을 수 없대요. 또 사건의 유일한 목격자인 할머니를 찾아내지만 증언할 용기가 나지 않는다고 해요. 집을 떠난 지 1박 2일, 아이들은 고생만 하다가 집으로 돌아가게 생겼어요. 하지만 이 모험과 도전에서 아무것도 얻지 못한 건 아닙니다.

우선 하비가 달라졌어요. 유색 인종을 싫어하는 이유조차 생각해 본 적 없었는데 아빠에게 묻습니다. "아빠는 흑인이 왜 싫어요?" 아빠는 싫은 건 싫은 거지 무슨 이유가 필요하냐고 합니다. 하비도 그제야 자기 자신을 들여다봅니다. 생각해 보니 싫어할 이유가 없어요. 그냥 아빠가 싫어하니까 따라서 그런 거죠. 바로잡아야 합니다. 하비는 제이와 니콜에게 진심으로 사과합니다.

제이는 아버지의 사랑을 확인합니다. 입양을 간절히 원했던 엄마가 돌아가셨으니 아빠는 더 이상 자신을 원하지 않을 거라고 생각했어요. 백인인 아빠가 동양인인 자신을 부끄럽게 여기는 줄 알았죠. 아빠가 자신이 떠나길 바랄지도 모른다고 오해합니다. 하지만 아빠는 걱정된 마음에 한달음에 달려와 제이를 뜨겁게 안아 줍니다. 그리고 지금 이대로도 훌륭하고 사랑스러우니 자신을 증명하기 위해 애쓸 필요 없다고 말해 줍니다.

제이는 혼자 남아 후드티 시위를 시작해요. 마틴이 입었던 것과 가장 비슷한 검은색 후드티를 입은 채 피켓을 들고 시청 앞에 섭니다.

이 소식을 듣고 니콜과 하비가 돌아오고, 911 상담센터 직원과 목격자 할머니도 옵니다. 마틴을 추모하는 후드티 물결은 백만 후디스 운동이 되어 미국 전역에 퍼져 나갑니다.

"하얗게 펑펑 쏟아지는 눈을 맞으면 나도 하얘지겠지……." 마틴의 이 한 마디가 저를 울렸습니다. 누구보다 단단하고 자존감이 높았던 마틴입니다. 어떠한 차별과 편견, 괴롭힘에도 끝까지 평화를 지키려는 의지가 강했어요. 그런 마틴도 어쩌지 못하는 순간이 있었나 봅니다. 자신의 피부색을 부정하고 싶을 만큼 힘들었던 거예요. 본인의 선택이나 노력과는 상관없는 부당한 대우는 겪어 보지 않은 사람은 모릅니다.

함께 읽을 만한 책으로 《티모시의 유산》(시오도어 테일러(박중서 옮김), 뜨인돌출판사, 2007)을 추천합니다. 1942년, 제2차 세계 대전 당시 전쟁을 피해 소형 화물선에 올랐던 열한 살 소년 필립의 이야기예요. 필립이 탄 배는 어뢰 공격을 받아 침몰하고, 필립은 흑인 노인 티모시의 도움으로 뗏목 위로 건져 올려집니다. 극한의 상황에서 나이와 인종을 초월한 두 사람의 우정에 코끝이 시큰해져요.

우리 아이 책 읽게 만드는 북 토크

1. 사회 문제와 연결지어 생각의 힘을 키우는 대화

유색 인종에 대한 차별은 어제오늘의 문제가 아니야. 2020년 5월에 일어난 조지 플로이드 사건을 봐도 그래. 경찰의 과잉 진압으로 흑인 남성 조지 플로이드가 사망했는데 이는 시민들의 엄청난 분노를 일으켰어. 체포 당시 조지 플로이드는 비무장 상태였고 크게 저항하지도 않았는데 경찰은 과격하게 행동했지. 경찰의 무릎에 깔린 채 "숨을 쉴 수 없어요. 날 죽이지 마세요."라고 애원하는 장면을 보면 과연 그 순간에 인간의 존엄성이 지켜지고 있었는지 의심스러워.

2. 경험을 얘기하며 공감을 얻는 대화

엄마가 살면서 겪은 차별은 무엇이 있을까 곰곰이 생각해 보았어. 예전에 한 선생님께서 "이번에 인사발령 난 거 보니까 우리 학교에 남자 선생님 세 명 오던데? 얼마나 좋은지. 이제야 학교가 좀 제대로 돌아가겠네."라고 말씀하셨어. 그분이 평소에 남성 우월주의를 지지한다거나 여성을 비하하는 것은 아니었어. 그저 남성과 여성이 잘할 수 있는 일의 성격이 다르다는 걸 얘기하고 싶으셨던 것 같아. 그런데 표현 방법이 잘못된 거지. 그 자리에 있던 모든 여자 선생님들이 불편함을 느꼈으니까. 때로는 말이 폭력이 되기도 하잖아.

3. 상대방의 입장에서 생각해 보는 힘을 기르는 대화

하비의 차별에 어떻게 대응할까를 두고 제이는 고민이 많았어. 이유도 없이 자신을 무시하고 괴롭히는 하비를 계속해서 설득하는 건 쉽지 않았지. 마틴 형의 말대로 하자니 효과가 없고 니콜의 방법을 따르자니 그건 너무 비겁하다고 느꼈어. 만약 엄마가 제이였다면 어떤 선택을 했을까? 직접 맞서고, 대화하고, 나를 보여 주는 게 가장 좋겠지만 하비는 들어 줄 마음이 없었잖아.

《마음을 읽는 아이 오로르》

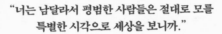

**"너는 남달라서 평범한 사람들은 절대로 모를
특별한 시각으로 세상을 보니까."**

딸아이가 여섯 살이던 해 가을의 일입니다. 그 당시 아이 유치원
은 제가 근무하는 학교 근처에 있었어요. 퇴근하면서 아이를 데리고
집에 왔습니다. 아이는 저를 만나면 짜증을 부리곤 했어요. 저도 학
교 일로 몹시 힘들었지만 아이의 짜증을 받아 주고 많이 안아 주었습
니다. '너도 사회생활 하느라 힘들구나. 규칙을 지키느라 욕구를 참
아 내고, 투정 부릴 사람도 없으니 엄마가 그만큼 반갑구나.' 그런 심
정이었습니다. 그런데 그날은 아이가 차를 타고 집까지 오는 내내 아
무 말이 없었어요. 잠들었나 싶어 백미러로 계속 아이 얼굴을 확인했
습니다. 아이는 멍한 눈빛으로 창밖을 보고 있었어요. 집에 도착해서
차 문을 열고 안전벨트를 풀어 주는데 아이가 기막힌 말을 합니다.

"엄마, 나 빨리 할머니 되고 싶어."

"왜?"

"그래야 빨리 죽잖아. 나 빨리 죽고 싶어. 선생님이 나만 미워해."

가슴이 무너졌습니다. 대체 무슨 일이 있었기에 아이가 이런 말을 하는 걸까요?

아이의 유치원 생활은 처음부터 순탄하지 않았어요. 아이는 기질적으로 자유분방했고, 저 또한 아이를 그렇게 키웠습니다. 저는 엄한 어머니 밑에서 '아빠 없는 거 티 나지 않게', '버릇없는 아이로 보이지 않게' 행동해야 한다는 무게감에 나보다 남을 먼저 생각하고, 남들 눈치 보는 게 익숙했어요. 제 아이는 그렇게 키우고 싶지 않았습니다. 남이 소중한 만큼 자기 자신도 똑같이 소중히 여기라고 강조했어요. 그런데 이게 유치원에 들어가면서 문제가 되었습니다. 자신의 욕구와 타인의 욕구를 모두 충족시키는 게 얼마나 어려운 일인가요. 아이는 혼란스러워했습니다. 그런데도 저는 여전히 욕심을 내려놓지 못했어요. 아이가 남과 다른 특별한 삶을 살길 바라면서도 막상 남과 다르다는 소리를 들으면 불안했어요. 아이가 남과 다르면 유난스럽단 소리를 들을까 걱정입니다. 아이를 바라보는 주변의 곱지 않은 시선에 아이가 상처받진 않을까 두려워요.

특별한 아이, 오로르의 부모는 오로르를 걱정하지 않아요. 오로르도 자신의 문제를 전혀 문제라고 생각하지 않습니다. 세상 사람들은 오로르를 장애인, 자폐아라고 부르는데 말이에요. 오로르는 보통 사람들처럼 말하지 못합니다. 태블릿에 하고 싶은 말을 글로 적어서 다른 사람들과 대화해요. 조지안느 선생님은 오로르에게 입으로 말하는 법도 가르치려고 애썼지만 오로르는 오히려 되물어요. 태블릿으로도 말을 잘할 수 있는데 왜 남들처럼 입으로 말해야 하냐고요. 어른들이 모르는 걸 열한 살 오로르는 알고 있어요. 남과 다른 게 전혀 문제가 아니라는 사실을요. 남을 돕는 데 모자람이 없고, 스스로 행복을 느끼며 살 수 있다는 사실을요.

작가 더글라스 케네디는 이 책이 어린이들이 몰입해서 읽는 동시에 어른들도 진심으로 감동하는 책이 되기를 바랐다고 합니다. 이 책은 이야기책이면서 한 권의 명언집 같아요. 어른인 제가 읽다가도 "아~" 하고 감탄하는 말들이 정말 많이 나옵니다. 그리고 그 말들은 대부분 오로르가 태블릿으로 쏟아 낸 말이에요. 인생의 절반을 산 저조차 깨닫지 못한 것들을 이 작은 아이는 어쩜 이렇게 잘 알고 있을까요. 오로르의 남다른 관찰력과 통찰력 덕분에 보석 같은 말들을 많이 만났어요. 지금 제 방 거울에도 책 224페이지에 나오는 오로르의 말이 붙어 있습니다.

잿빛인 날이 많기 때문에 푸르른 날을 더 아름답게 느낄 수 있어. 밝고 행복한 날만 계속될 수는 없어. 잿빛도 삶의 일부야.

이 책은 편견과 학교폭력이라는 우리 사회의 고질적 문제를 다루고 있어요. 많은 어른이 편견에 사로잡혀 세상을 어긋난 시선으로 바라봅니다. 장애인인 오로르는 사람들의 도움이 필요한 존재지, 오로르가 남을 도울 수 있다는 사실을 의심해요. 사람들은 심한 흉터로 얼굴이 일그러진 정원사에게 하지도 않은 일을 했다며 죄를 뒤집어씌우고 몸집이 큰 루시에게는 살을 뺄 것을 강요합니다. 하지만 우리의 오로르는 이 모든 문제를 가뿐히 문제가 아닌 것으로 만들어 버려요. 모두가 정원사 할아버지를 피할 때 오히려 오로르는 할아버지에게 도움을 요청합니다. 루시가 사라졌을 때는 경찰도 찾아내지 못한 그녀를 오로르가 찾아내요. 오로르는 루시에게 누구나 날씬해야 하는 건 아니라며 용기를 줍니다.

학교폭력도 마찬가지예요. 오로르의 언니인 열네 살 에밀리의 학교에는 상습적으로 친구들을 괴롭히는 무리가 있어요. 오로르는 그들을 '잔혹이들'이라 불러요. 그들의 입에서 나오는 말들은 그야말로 잔혹합니다. '땅꼬마', '저능아', '코끼리' 같은 말들을 아무런 죄책감 없이 내뱉어요. 오로르는 그 잔혹이들 앞에서 조금도 주눅 들지 않고 잔인하게 행동하면 어른이 된 것 같다고 느끼겠지만 사실은 유치한 게 더 드러날 뿐이라고 충고합니다. 친구 문제로 힘들어하는 고학년 여학생들을 위해 단 하루만 오로르를 우리 교실에 초청하고 싶어요. 훌륭한 학교 전담 경찰관들이 많이 계시지만 꼭 한 번은 오로르가 그분들 대신 학교폭력 예방 교육을 해 주면 좋겠습니다.

함께 읽을 만한 책으로 《그레타 툰베리》(발렌티
나 카메리니(최병진 옮김), 주니어김영사, 2019)를 추천합니
다. 실존 인물인 그레타 툰베리에 관한 이야기예
요. 열한 살에 아스퍼거 증후군 진단을 받은 그레
타는 오로르처럼 특별한 눈으로 세상을 바라봅니
다. 아스퍼거 증후군은 특정한 문제를 반복해서 생각하는 특징이 있
는데 그레타는 환경 문제에 집착해요. 지구 환경을 걱정하느라 마음
의 병까지 얻습니다. 그랬던 아이가 세상을 향해 목소리를 내기 시작
하면서 사람들을 바꿉니다. "큰일을 하는 데 너는 결코 작지 않아!"라
며 변화를 주도해요.

우리 아이 책 읽게 만드는 북 토크

1. 아이의 말문을 틔우는 대화

오로르에게는 남들이 모르는 특별한 세상과 특별한 친구가 있잖아. 별 하나에 집중해서 주문을 외우면 떠날 수 있는 완전히 다른 공간, 참께 세상. 그곳에서는 엄마와 아빠가 이혼하지 않았고, 오로르도 다른 사람들처럼 말할 수 있지. 그리고 세상에 혼자가 아니라는 사실을 알려 주기 위해 존재하는 친구, 오브도 있어. 물론 오로르의 상상력이 만들어 낸 가상의 세상과 친구긴 하지만 가끔은 엄마도 그런 세상과 친구가 있었으면 좋겠어. 일 년 내내 벚꽃이 지지 않는 벚꽃 세상, 엄마가 실수하고 잘못해도 다 괜찮다고 말해 주는 친구…… 상상만 해도 행복하다.

2. 반성의 자세를 알려 주는 대화

용기, 기지, 자율, 탁월함, 소신. 오로르에게 배우고 싶은 덕목이 참 많아. 엄마는 그중에서도 오로르의 소신을 닮고 싶어. 오로르는 자기가 굳게 믿고 생각하는 것을 굽히지 않았어. 남들은 오로르한테 부족한 아이라고 말했지만, 오로르는 다른 사람한테 휘둘리거나 끌려다니는 법이 없었지. 힘든 세상에서 오로르를 단단하게 지켜 낸 건 어쩌면 이 소신인지도 몰라. 엄마는 이 말을 들으면 이 말이 맞는 것 같고, 저 말을 들으면 저 말이 맞는 것 같아 갈팡질팡할 때가 많아. 이제부터라도 소신 있는 엄마가 되어 볼게.

3. 아이의 자존감을 높여 주는 대화

행복과 불행도 대물림되는 것일까? 루시가 친구들에게 코끼리라고 놀림받고 괴롭힘당할 때 루시의 엄마는 루시를 품어 주지 못했어. 오히려 뚱뚱하다고 비난하고 살을 빼라고 강요했지. 그 때문에 루시는 늘 엄마를 무서워했고 엄마 눈을 피해서 간식을 먹었어. 루시는 수학을 좋아하고 잘했지만, 자존감이 낮았고 스스로 불행하다고 느꼈어. 루시의 엄마는 열일곱 살에 갑자기 루시를 낳으면서 불행해졌고 한 번도 행복한 적이 없었대. '엄마가 불행하면 아이도 불행하고 엄마가 행복하면 아이도 행복하다.' 이 말은 어느 정도 맞는 것 같아. 그러니 딸아, 너의 행복을 위해 엄마가 오늘 조금 더 행복해질게.

《안녕, 우주》

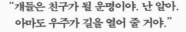

"걔들은 친구가 될 운명이야. 난 알아.
아마도 우주가 길을 열어 줄 거야."

운명을 믿으세요? 이 책을 읽고 나면 운명을 믿고 싶어져요. 절대로 친구가 될 수 없을 것 같았던 두 아이를 이어 준 묘한 기운, 바로 운명이지요. 온 우주가 그 둘을 만나게 해 준 것 같아요.

이 책과 저도 운명적으로 만났어요. 어느 날 어린이 책을 빌리러 학교 도서관에 가서 '6학년 추천도서' 코너를 서성이다 딱 두 권의 책을 뽑아 들었지요. 평소에는 한 번 가면 한꺼번에 대여섯 권씩 빌려 오는데 그날따라 이상하게 두 권만 빌리고 싶었어요. 그렇게 뽑아 든 책이 《엘 데포》(시시 벨(고정아 옮김), 밝은미래, 2020)와 이 책이었어요. 두 책에 대한 사전 정보는 전혀 없었어요. 집에 가져와서 보니《엘 데포》가 예쁜 만화로 되어 있길래 먼저 읽고 이 책을 나중에 읽었는데 책을 덮고 나서 '어머, 그러고 보니 두 책 모두 청각 장애를 가진 주인 공의 우정에 관한 이야기네! 세상에! 이건 우연치고 너무 기가 막혀. 운명이야 운명!'이라고 생각했어요. 다시 생각해도 신기해요.

이건 책의 힘이기도 합니다. 그냥 지나칠 수도 있는 생각을 꽉 붙들고 '어머, 운명이야!' 하고 감탄하는 기쁨을 선물 받았으니까요. 이 책을 읽고 나면 작은 것에도 의미를 부여할 줄 아는 마음, 어떤 사람이나 시간, 혹은 공간과의 만남에 감사할 줄 아는 마음이 생겨요. 그게 가족이나 친구라면 그 마음을 속으로만 간직하지 말고 꺼내어 표현해야겠지요. "엄마 딸로 태어나 줘서 고마워. 다른 누구도 아닌 바로 네가 엄마 딸이라서 참 좋아." 이렇게요.

이 책에는 열한 살인 네 명의 아이가 등장합니다. 버질은 소심하고 조용해요. 가족들은 버질을 '소심한 거북이'라고 놀립니다. 발렌시아는 열정적이고 자신만만합니다. 청각 장애가 있어 보청기를 끼고 있지만 발렌시아에게 그건 조금도 문제 되지 않아요. 버질과 발렌시아는 고민이 있습니다. 버질은 말 붙이고 싶은 여자애가 생겼는데 입이 안 떨어져서 괴로워요. 발렌시아는 자꾸 악몽을 꿉니다. 고민을 나눌 친구가 없는 두 아이는 각각 카오리를 찾아가요. 카오리는 본인에게 예지력이 있다고 믿고 '점성술사 카오리 타나카, 새로운 고객 환영- 어른 사절'이라는 명함을 만들어 뿌리는 아이예요. 그리고 또 한 명, 이야기의 갈등을 만들어 주는 꼬마 악당 쳇이 등장합니다. 버질을 항상 '떨떨이'라고 놀리며 버질이 숲속 깊은 우물에 빠지게 만든 장본 인이지요.

책을 읽다 보면 진정한 우정의 의미에 대해 곱씹게 됩니다. 6학년 은 친구가 제일 중요한 나이잖아요. 친구 때문에 울고 웃어요. 엄마 말은 가벼이 여기면서 친구 말 한마디에 휘둘리는 모습을 보면 서운 합니다. 그런데 생각해 보니 우리도 그랬어요. 엄마한테 말 못 하는 고민도 친구에게는 말할 수 있었고, 엄마랑 있는 시간보다 친구랑 있 는 시간이 더 즐거웠어요.

발렌시아는 친구로 인한 상처가 있습니다. 친했던 친구가 어느 날 갑자기 절교를 선언했거든요. 친구는 청각 장애 때문에 입 모양을 보 면서 이야기하는 발렌시아와의 대화가 너무 어렵다며 떠나 버립니 다. 그날 발렌시아는 많이 울었고, 그때부터 혼자가 되었어요. 그리고 스스로에게 주문을 겁니다. '혼자인 게 편해. 아무런 불만도 없어.'라 고요. 하지만 카오리는 발렌시아가 혼자 있는 걸 두려워하고 있으며, 그 두려움을 극복하면 악몽이 사라질 거라 말해 줍니다. 카오리 말이 맞아요. 발렌시아는 사실 외롭고 쓸쓸했어요. 자신의 표정이 서글퍼 보일까 봐 늘 걱정했고요. 교회 홍보차 방문한 사람들이 집에 더 오 래 머물기를 기대하고, 숲속에서 만난 개에게 오랫동안 자신의 이야 기를 들려주는 걸 보면 알 수 있어요.

혼자인 게 좋은 아이가 있을까요? 어른은 그럴 수 있습니다. 타인의 시선에 어느 정도 초연할 줄 아는 어른은 혼자인 게 더 편하기도 합니다. 저 역시 '혼자만의 시간'을 사랑해요. 일과 육아에 지칠 때면 정말 혼자서 어딘가로 훌쩍 떠나고 싶어요. 그럴 때는 멀리는 못 가지만 집 앞 카페에 앉아 혼자 커피를 마십니다. '사람들이 나를 쓸쓸하게 보면 어떡하지?'라는 생각은 안 들어요.

그런데 아이들은 다릅니다. 관계가 주는 피로감에 지쳐도 교실이라는 공간에서 혼자이길 좋아하는 아이는 없어요. 저는 쉬는 시간에 아이들 관찰하는 걸 좋아해요. 어떤 때는 두 손으로 턱을 괴고 대놓고 아이들을 하나하나 관찰하고, 어떤 때는 책을 보거나 컴퓨터를 하면서 슬쩍슬쩍 곁눈질로 아이들을 살핍니다. 그때마다 혼자 있는 아이들을 발견해요. 그림을 그리거나 멍하니 있어요. 누군가 와서 말을 걸어 주길 바라지만 먼저 다가와 주는 친구가 없어요. 여럿이 모여 있는 친구들 사이로 자연스럽게 걸어가는 것도 두렵습니다. '내가 혼자 있다고 친구들이 나를 왕따라고 생각하면 어떡하지?' 하는 불안감이 있어요.

이 친구들을 어떻게 도와주어야 할까요? 버질의 부모님처럼 "껍데기 밖으로 나와."라고 말해 줘야 할까요? 아니에요. 껍데기 속에 숨어 있어도 그 보석 같은 진심을 알아봐 주는 어른이 필요해요. 카오리처럼요. 저는 카오리한테서 많이 배웠어요. 버질의 장점을 알아봐 주었잖아요. 카오리는 버질은 시간을 잘 지키는 아이기 때문에 단 1분도 늦지 않을 거라고 믿었지요. 이 믿음이 없었다면 우물에 빠진 버질을 찾아 나선 사람은 아무도 없었을 거예요. 소심하고 조용한 아이일수록 자신의 장점을 드러내지 않아요. 그러니 어른이 먼저 찾아 줘야 해요. 찾아서 인정해 주고, 다른 친구들에게도 자꾸 들려줘야 해요. 아이는 주목받는 경험을 통해 색다른 기쁨을 느끼지요. 용기 있는 발걸음을 내딛을 수 있어요.

함께 읽을 만한 책으로 《엘 데포》를 추천합니다. '뉴베리상 최초 그래픽 노블 수상작'이라는 타이틀을 가지고 있는 작품이에요. 그래픽 노블은 그림graphic과 소설novel의 합성어로 그림도 있고 이야기도 있는 책입니다. 이 책은 청각 장애가 있는 주인공 시시가 진정한 친구를 찾아 나서는 이야기로 작가의 자전적 소설이라 더 생생합니다. 그림도 정말 귀엽고 사랑스러워요.

우리 아이 책 읽게 만드는 북 토크

1. 아이의 흥미를 이끌어 내는 대화

스스로 점성술사라고 하는 카오리는 별자리와 성격을 관련짓고 있어. 물고기자리인 버질은 항상 갈팡질팡하고 자신감이 없다고 말하지. 전갈자리인 발렌시아는 자립심이 강하고 날카롭다고 표현해. 별자리와 성격의 상관관계는 과학적 근거가 없긴 하지만 재미있어. 엄마가 우리 가족 별자리와 성격을 말해 볼 테니 누군지 맞혀봐. 양자리는 자기주장이 강하고 외향적이래. 쌍둥이자리는 자유로운 영혼을 가지고 있대. 나머지 한 명은 버질처럼 물고기자리야. 엄마도 이 책을 읽고 우리 가족 별자리를 처음으로 알아봤는데 재미있네.

2. 말의 의미를 깨우치게 하는 대화

깜깜한 우물 속에 갇혀 버린 버질이 혹시라도 구조가 된다면 반드시 할 일을 상상하잖아. 세 가지 모두 '말'과 관련된 것이었어. 엄마에게 더 이상 거북이라 놀리지 말라고 말하기, 쳇에게 더 이상 떨떨이라 부르지 말라고 말하기, 그리고 친구가 되고 싶은 그 여자애에게 말 붙이기. 누군가에게는 '말' 한 마디가 이렇게나 어려워. 엄마도 그래. 말을 많이 하는 직업을 가졌으면서도 진짜 중요한 말은 못 하고 머뭇거리는 경우가 많아. 오늘부터라도 용기를 내봐야겠다.

3. 벽을 허무는 대화

청각을 잃은 발렌시아는 다른 모든 감각이 예민해. 특히 시각이 발달했지. 관찰력이 좋아. 눈과 눈썹의 움직임이 많은 걸 알려 준대. 발렌시아는 사람들이 바로 앞에 있는 사람 대신 서랍 같은 엉뚱한 물건을 보며 말하는 게 우습다고 했어. 대화할 때는 상대방의 눈을 들여다보는 게 좋아. 엄마가 어렸을 때는 어른들 눈을 똑바로 쳐다보면 안 된다고 배웠어. 그런데 아니야. 눈 맞춤은 존중과 경청의 표현이야. 눈을 보며 이야기하면 그 사람의 마음과 연결되는 느낌이 들지.

7

가족이라는
울타리를 보여 주는 책
BEST 5

《나의 린드그렌 선생님》

"선생님을 만나지 못했다면 저는 아주 재미없고
쓸쓸한 어린 시절을 보냈을 거예요."

어린이의 삶도 충분히 힘들고 고달픕니다. 어른들은 쉽게 말해요.
"공부만 하면 되는데 뭐가 힘들어? 너보고 밥을 하라고 했어, 돈을 벌
라고 했어? 엄마 아빠가 너 해 달라는 거 다 해 주는데 도대체 뭐가
그렇게 매일 불만이야?" 하지만 과거를 되짚어 보자고요. 우리가 어
렸을 때 삶이 정말 쉽기만 했나요? 모두 나름의 고민이 있었고 사는
게 힘들었어요. 이제는 지난 과거가 되었기에 "그때 참 좋았지."라고
하는 것일 뿐이지요.

엄마랑 둘이 사는 열한 살 비읍이는 보통의 어린이보다 더 고단합
니다. 해 달라는 거 다 해 주는 엄마 아빠도 없고, 혼자 가정 형편을
감당해야 하는 엄마는 늘 피곤해요. 엄마는 매일 잔소리하고 비읍이

가 자기 생각을 말하면 말대꾸한다고 더 혼냅니다. 비읍이도 잘 알고 있어요. 엄마가 얼마나 힘든지, 얼마나 자신을 참아 주고 있는지. 그래서 엄마랑 부딪히고 싶지 않은데 그게 마음처럼 되지 않습니다. 비읍이는 힘들 때마다 린드그렌 선생님 책을 펼쳤어요. 엄마 덕분에 린드그렌 선생님을 알게 되었는데 정작 엄마는 책을 읽지 않습니다. 린드그렌 선생님 책을 읽고 다양한 상상을 하면서부터 비읍이는 덜 심심하고, 덜 외로웠어요. '가슴이 꽉 막힌 것처럼 답답한 것'이 없어졌다고 표현합니다.

책을 읽는 내내 비읍이가 너무 애틋해서 눈물이 났습니다. 뜨거운 감정이 폭발하고 그걸 어쩌지 못해 엄마와 한창 날을 세웠던 저의 사춘기가 떠올랐어요. 식탁에 마주 앉아 꾸역꾸역 밥을 먹는 비읍이와 엄마의 모습을 보며 둘 다 꼭 안아 주고 싶었습니다. 특별한 문제가 있어야만 관계가 힘든 것이 아니에요. 사랑하지만 서로가 버거운 시기가 있어요. 과거의 내가 엄마와 그랬고, 미래의 내가 딸아이와 마주 앉아 그런 모습으로 밥을 먹고 있을 것 같아 가슴이 아렸습니다.

비읍이는 엄마를 화나게 하려고 말대꾸를 하는 게 아니에요. '지금부터 말대꾸해야지.'생각하고 하는 게 아니라 그냥 얘기를 한 건데 엄마는 그걸 말대꾸라고 생각합니다. 비읍이가 아빠랑 같이 살지 않아서 예의가 부족하다는 소리를 들을까 봐 엄마는 늘 걱정이에요. 그런데 가만히 보면 둘의 대화에서 예의가 부족한 쪽은 비읍이가 아니라 엄마입니다. 항상 비읍이 얘기를 다 듣지도 않고 방으로 들어가 버리거든요. 교사 노릇, 엄마 노릇을 하면서 '말하기'는 쉽습니다. '들어 주기'가 어렵지요. 아이 말을 듣다 보면 자꾸 옳고 그름을 판단하게 되고 중간에 끼어들어 내 방식을 가르치고 싶습니다. 게다가 아이도 엄마도 늘 시간이 부족해서 진득하게 앉아서 들어 줄 여유가 없어요. 말이 길어지면 마음이 바빠집니다. 아이의 말을 그저 들어 주자고 스스로 다짐해 봅니다.

엄마와의 갈등에도 불구하고 비읍이의 시간이 어둡지 않은 것은 린드그렌 선생님의 책 덕분이에요. 비읍이는 꿈을 가지려고 억지로 노력하지 않았어요. 책을 읽다 보니 저절로 꿈이 생겼지요. 그 꿈은 가장 사랑하는 두 사람인 엄마와 지혜에게 린드그렌 책벌레를 옮기는 것과 번역가가 되어 우리나라 어린이들에게 더 많은 린드그렌 선생님 책을 알리는 것입니다. 먼 나라에 있어 닿을 수 없을 것 같던 린드그렌 선생님을 가슴 속에 별처럼 품고 미래를 계획해요.

저는 비읍이에게 '나를 위로하는 법'을 배웠어요. 엄마와의 갈등으로 힘들 때, 말할 사람이 없어 외로울 때 비읍이는 자기 자신에게 책을 읽어 줍니다. "제발 나를 좀 이해해 주세요!" 하고 소리치고 투정 부리는 게 아니라 가만히 자기 자신을 토닥이며 위로해요. 사람은 누구나 외로워요. 그 외로움이 견딜 수 없을 만큼 고통스러운 순간은 아무도 나를 알아 주지 않는다고 느낄 때입니다. 저는 육아와 직장

생활을 병행하는 버거움을 남편이 알아 주지 않을 때, 나의 희생을 아이가 알아 주지 않을 때 몸서리치게 외로웠어요. 제발 나 좀 인정해 달라고 아우성쳤어요. 그런데 그 외로움은 누군가 대신 해결해 줄 수 없다는 걸 알았습니다. 비읍이처럼 내가 나를 알아봐 주고 위로해 줘야 합니다.

비읍이는 책을 사랑하는 아이예요. 비읍이를 어린이 독서가로 만든 것은 엄마도, 선생님도 아닌 단 한 권의 책이었습니다. 비읍이는 엄마가 자주 들려주던 삐삐 이야기가 궁금해 도서관에 가서 찾아보았어요. 사서 선생님이 《내 이름은 삐삐 롱스타킹》이라는 책을 건네줍니다. 비읍이는 그 책을 다 읽을 때까지 앉은 자리에서 꼼짝도 하지 않습니다. 저녁이 되어 도서관이 텅 비었다는 사실도 모른 채 책을 읽어요. '책에 빠지는 것'이 뭔지 머리와 가슴으로 깨달은 비읍이는 그 후로 돈이 생기는 대로 린드그렌 선생님 책을 삽니다. 아이스크림 먹고 싶은 것도 참고 갖고 싶던 자전거도 단념해요. 그렇게 모은 책들을 모두 열 번도 넘게 읽습니다.

아이가 책을 안 읽어 걱정일 때 학원을 알아보거나 전집을 검색하지 마세요. 아이 마음을 뒤흔들 단 한 권의 책을 찾아보세요. 이 책이 그 단 한 권의 책이 될 수도 있습니다. 실제로 저도 비읍이 덕분에 린드그렌 선생님 책들을 읽기 시작했어요. 이 책을 만나기 전까지는 저 또한 비읍이 엄마처럼 '삐삐는 알지만 아스트리드 린드그렌은 모르는' 어른이었어요. 린드그렌 선생님의 책들을 찾아 읽을수록 비읍이 마음이 이해가 되었어요. 《산적의 딸 로냐》, 《미오 나의 미오》, 《사자왕 형제의 모험》, 《라스무스와 방랑자》 같은 책들은 한 번 읽고 덮을 수 있는 책이 아니었습니다. 그 울림이 너무나 깊고 진해서 중간에 조금씩 쉬어 가며 읽어야 했어요.

린드그렌 선생님 책뿐만이 아니에요. 이 책을 쓴 유은실 선생님의 책들도 찾아 읽었습니다. 《마지막 이벤트》, 《일수의 탄생》, 《멀쩡한 이유정》 모두 정말 재미있게 읽었어요. 두 작가가 만든 세상에 빨려드는 경험은 제가 어린이 책을 더욱 사랑하는 계기가 되었습니다.

함께 읽을 만한 책으로 《나의 라임 오렌지나무》 (J. M. 바스콘셀로스(박동원 옮김), 동녘주니어, 2012)를 추천합니다. 가족들의 무관심과 가난 속에서 아프지만 아름답게 성장하는 다섯 살 소년 제제의 이야기예요.

우리 아이 책 읽게 만드는 북 토크

1. 책임에 관해 생각하게 하는 대화

비읍이처럼 '내가 할 수 있는 일'과 '내가 할 수 없는 일'을 적어 보자. 비읍이가 할 수 없는 것 중에 '엄마 대출금을 갚아 주는 것'과 '엄마가 책을 읽게 만드는 것'이 생각나네. 엄마는 '네가 공부하게 하는 것'과 '네 꿈을 대신 이루어 주는 것'은 할 수 없어. 하지만 네가 공부하다가 힘들다고 할 때 네가 좋아하는 아이스크림을 사 줄 수 있고, 네가 꿈을 향해 나아가는 동안 실패하고 좌절해도 힘껏 응원하면서 기다려 줄 수 있어.

2. 위로와 안식처를 만드는 대화

비읍이는 힘들고 외로울 때마다 린드그렌 선생님의 책을 펼쳤어. 우리가 힘들고 외로울 때마다 기댈 수 있는 건 무엇이 있을까? 물론 엄마가 너에게 그런 존재가 되고 싶어. 하지만 네가 원하지 않을 때가 생길 수 있잖아. 상황이나 기분에 따라 달라지지 않고 한결같이 나를 위로하고 힘이 되어 주는 무엇, 우리 한번 찾아볼까? 엄마에게 그건 바로 이야기책인 것 같아. 이야기의 재미에 빠져 현실의 고민을 잠깐 잊기도 하고, 나와 비슷한 고민을 가진 등장인물을 만나면 위로를 받기도 하니까.

3. 아이의 공감을 이끄는 대화

비읍이에게 린드그렌 선생님은 작가 그 이상의 특별한 존재 같아. 너에게도 특별한 작가님이 있니? 우리가 그동안 읽었던 책을 훑어보고 단 한 명의 작가님을 뽑아 보자. 그리고 그 작가님 책 중에 아직 읽지 않은 책이 있다면 이번 주말에 도서관에 가서 전부 빌려 오자. 엄마는 《마틸다》와 《찰리와 초콜릿 공장》의 로알드 달, 《우아한 거짓말》과 《완득이》의 김려령, 《너도 하늘말나리야》(푸른책들, 2017)와 《유진과 유진》의 이금이 작가님이 생각나. 그중에 단 한 사람만 뽑으려면 정말 고민된다.

《괭이부리말 아이들》

"아빠, 나 엄마 없어도 돼."

제가 열아홉 살 때 이 책을 처음 만났습니다. 수능을 치르고 초등학교 친구를 만났는데 저를 서점에 데리고 가더군요. "책 선물하고 싶어. 한 권 골라 봐." 그때 집어 든 책이 바로《괭이부리말 아이들》입니다. 그 당시 베스트셀러 코너에 있었을 거예요. 인기리에 방영 중이던 MBC 프로그램 〈느낌표〉의 '책책책 책을 읽읍시다' 코너에 소개되어 화제가 되기도 했으니까요. 선물 받았으니 읽었는데 그때는 큰 감흥이 없었어요. 그저 해피 엔딩이라 다행이다 정도로 생각했던 것 같아요. 그리고 20년이 지나 서른아홉에 다시 이 책을 펼쳤는데 아이들 사연 하나하나에 가슴이 아립니다. 책장을 쉬이 넘기지 못했어요.

여러분의 어린 시절은 어땠나요? 저는 누군가의 소개 글에서 '유복한 어린 시절을 보내고'라는 구절을 보면 그게 그렇게 부러웠습니다. 아마 제가 불우한 어린 시절을 보내서 그런가 봅니다. 어머니 혼자 힘으로 아이 셋을 건사하셨으니 우리의 처지는 언제나 딱하고 어려웠습니다. 한번은 이웃집 중년 부부가 여행을 가면서 저희 집에 강아지 '또치'를 며칠 맡겼어요. 요즘은 여행 갈 때 반려동물을 애견호텔에 맡기곤 하지만 그때만 해도 옆집에 부탁하는 경우가 흔했어요. 이웃집 부부가 또치 간식거리로 참치 통조림을 주셨었는데 지금은 흔하디 흔한 참치 통조림이 그때는 귀했어요. 엄마 몰래 참치 통조림을 따 먹었던 기억이 납니다.

가난에 대한 또 다른 기억은 롤러스케이트와 관련된 거예요. 제가 다녔던 초등학교는 롤러스케이트부가 유명했어요. 운동장 한편에 롤러스케이트장이 있었고, 전교생은 일주일에 한 번씩 롤러스케이트 수업을 들었습니다. 그런데 저는 롤러스케이트가 없었어요. 상당히 고가였거든요. 그래서 롤러스케이트 수업이 있을 때마다 옆 반 친구에게 가서 빌렸어요. 집에 색연필이 있는데 깜빡 잊고 안 가져와서 빌리는 것과 집에 롤러스케이트가 없어서 어쩔 수 없이 빌리는 것은 많이 다릅니다. 옆 반 교실에 가서 친구를 부를 때마다 잔뜩 움츠러들었습니다. 참치 통조림도, 롤러스케이트도 쉽게 살 수 있는 지금의 저는 더 이상 가난하지 않을까요? 더 좋은 집, 더 좋은 차를 가진 사람들을 보면서 열등감을 느낀다면 저는 여전히 가난한 사람입니다.

가난은 언제나 상대적이니까요.

> 괭이부리말은 인천에서도 가장 오래된 빈민 지역이다.

《괭이부리말 아이들》의 첫 문장입니다. 이 책은 가난한 아이들의 이
야기예요. 열두 살 동준이는 학교에서 먹는 급식이 하루 끼니의 전부
입니다. 방학 때는 무료 급식을 하는 교회에 가서 점심만 먹어요. 가출
한 동수형이 어쩌다 한 번씩 라면이나 빵을 들고 오기도 하는데 동준
이가 집에서 끼니를 해결할 수 있는 때는 그때뿐이지요. 쌍둥이 자매
숙자와 숙희는 곧 태어날 동생에게 선물을 사 주고 싶어요. 그러나 용
돈이라는 것을 받아 본 적이 없으니 선물 살 돈도 없지요. 그래서 아이
들은 공원에서 깡통을 주워요. 한 달 동안 깡통을 팔아서 모은 돈이 육
천 원인데 그 돈으로 살 수 있는 내복도, 모빌도 없습니다.

아이들은 왜 이토록 가난한 걸까요? 부모가 가난하기 때문에 그래
요. 동수와 동준의 아버지는 IMF 뒤로 일자리 없이 1년 남짓 지내다
어느 날 집을 나갔습니다. 숙자와 숙희의 아버지는 인천항을 오가는
화물선에 짐을 싣고 내리는 일을 합니다. 워낙 위험해서 생명 보험조
차 들 수 없다는 그 일을 하면서도 아버지는 성실하고 착한 사람으로
동네에 소문이 자자했어요. 그런데 오토바이 사고로 사람을 크게 다
치게 해서 빚을 잔뜩 집니다. 그 바람에 어머니가 집을 나갔어요. 가

난한 부모는 아이들의 울타리 노릇을 포기했고, 아이들은 그렇게 세상에 던져진 채 오들오들 떨었습니다. 아이들을 보듬은 건 동네 청년 박영호와 담임선생님 김명희였습니다.

성공해서 어머니를 편히 모시는 것이 소원이었던 영호는 어머니를 자궁암으로 허망하게 잃었어요. 그러던 어느 날 길을 가다 본드에 취해 있는 동수와 명환을 발견하고 아이들을 구해 줍니다. 동수의 집에 가보니 위생도 안전도 엉망이에요. 영호는 동수와 동생 동준이까지 자신의 집으로 데려와 먹여 주고 재워 줍니다. 영호는 왜 이 고생을 사서 하나 신세 한탄을 하다가도 아이들이 없었다면 외로움을 혼자 견딜 수 없었을 거라 생각해요.

숙자의 담임선생님 명희는 사실 괭이부리말 출신입니다. 한 살 때 아버지를 여의고 어머니 혼자 명희네 삼 남매를 키웠습니다. 어머니는 늘 "괭이부리말은 우리 가족에겐 정류장이지 목적지가 아니다."라고 말씀하셨고, 어린 명희는 악착같이 공부해서 교사가 되었습니다. 중학교 때 제일 싫어했던 말이 "너도 괭이부리말 사니?"였던 명희는 첫 발령이 괭이부리말로 났을 때 많이 울었어요. 10년이 지나도 달라진 게 없는 아이들과 부모들을 보며 학교를 떠날 날만 기다리고 있었습니다. 그런데 영호가 명희에게 동수를 한 번만 만나 달라고 부탁해요. 본드 때문에 구치소까지 다녀온 동수를 어떻게든 돕고 싶은데 동수 마음을 잘 모르겠다고요. 처음에 명희는 비행 청소년 따위에는 관심 없고 똑똑하고 가능성 있는 아이들을 위해 일하고 싶다며 거절해요. 그러나 아이들과 보내는 시간이 차곡차곡 쌓일수록 명희는 그 안에서 삶의 의미를 발견합니다.

책을 읽으면서 유난히 먹먹했던 이유는 이런 아이들이 책 속에만 있지 않다는 것을 누구보다 잘 알기 때문이에요. 떠오르는 얼굴이 여럿 있었습니다. 한여름에도 털 실내화를 신고 다니던 아이, 아침과 저녁을 챙겨 먹지 못해 급식을 두세 번 더 먹던 아이, 아버지의 담배 냄새가 옷 깊숙이 배어 있던 아이, 늦은 밤까지 빈집에서 텔레비전만 보던 아이……. 저는 아이들의 가난에 섣불리 개입하지 말라고 배웠고 배운 대로 실천했습니다. 그러느라 여름 내내 털 실내화를 신는 아이를 지켜보기만 했어요. 이상한 냄새가 난다며 눈살을 찌푸리는 아이들에게 따끔한 충고도 해 주지 못했습니다. '나도 영호나 명희처럼 그 아이들에게 도움의 손길을 내밀었다면 아이들의 인생이 조금은 달라졌을까?' 이런 생각은 차마 하지도 못했습니다. 그저 그 아이들이 지금 이 순간 어딘가에서 제 몫을 하며 잘 살아가고 있길 간절히 바랍니다.

함께 읽을 만한 책으로 《상계동 아이들》(노경실, 사계절, 2004)을 추천합니다. 힘없고 가난한 상계동 판자촌에서 희망을 노래하는 아이들의 모습이 괭이부리말 아이들과 많이 닮아 있습니다.

우리 아이 책 읽게 만드는 북 토크

1. 사회 문제를 생각해 보는 대화

'가난의 대물림'이라는 말을 들어 본 적 있니? 부모의 가난이 그 자식에게도 이어진다는 거야. 부유한 부모는 자식을 부유하게 키우고, 그렇게 자란 자식은 다시 부유한 부모가 되는 걸까? 가난한 부모에게서 태어난 자식은 가난을 극복할 방법이 없는 걸까? 엄마는 교육의 역할이 크다고 생각해. 누구에게나 배움의 기회를 주고, 그 배움을 통해 꿈을 펼칠 수 있도록 말이야.

2. 사회 문제에 관심을 갖고 해결점을 찾아보게 하는 대화

지난 2021년 1월, 엄마가 여덟 살 딸을 살해한 사건이 있었어. 생활고를 겪게 되면서 자신의 처지를 비관해 극단적 선택을 시도했다고 진술했지. 정말 끔찍한 일이야. 이런 비극이 두 번 다시 벌어지지 않으려면 어떻게 해야 할까? 물론 개인의 도덕성이 가장 중요하다고 생각해. 하지만 사회가 마련할 수 있는 최소한의 안전장치를 함께 고민해 보면 좋겠어.

3. 이타심을 일깨우는 대화

가난한 어른은 어떻게든 일자리를 구해 볼 수 있지만 가난한 어린이는 시도조차 불가능해. 그래서 가난한 어린이는 누군가의 도움이 꼭 필요하지. 그게 돈이나 물건이 될수도 있고 재능이나 시간이 될 수도 있어. 우리가 소외된 어린이를 도와줄 방법이 있을까? 아주 작은 도움이라도 말이야. 엄마는 책과 어린이들을 연결시켜 주고 싶어. 도서관 대출 카드 만드는 법을 알려 주고, 진짜진짜 재미있는 이야기책도 소개해 주고, 지금 너랑 하는 것처럼 이렇게 북 토크도 하고.

《너도 하늘말나리야》

"아빠랑 헤어지길 원한 건 엄마였잖아요."

이 책은 2012년에 5학년 아이들과 온책읽기 했던 책입니다. 미리 읽어 보고 고른 책이 아니에요. 학교 도서관에 30권이 있어서 빌렸는데 아이들도 저도 참 재미있게 읽었습니다. 십여 년의 시간이 흐르고 다시 이 책을 펼쳤어요. 격격 울면서 읽었습니다. 그사이 저는 학교 현장에서 많은 미르를 만났습니다. 미르와 닮아 있던 제자들은 너무 일찍 어른이 되어 저를 가슴 아프게 했어요. 이 책은 시간의 흐름에 따라 사건 중심으로 전개되기보다 세 아이의 마음을 가만가만 들려 줍니다. 그 목소리에 어린 시절의 저도 있고, 저희 반 아이도 있고, 제 아이도 있어요.

제가 초등학교 4학년이었을 때 일입니다. 수업 시작종이 울리자 선생님께서 "조사할 게 있어요. 아빠 없는 사람 손 들어 보세요."라고 합니다. 다섯 살에 아빠를 여읜 저는 '아빠 없는 사람'이니까 손을 들어야 했어요. 하지만 손을 들 엄두가 나지 않았어요. 전화기나 컴퓨터가 아니라 '아빠'가 없는 사람을 물은 것이었으니까요. 교실을 휘 둘러본 선생님은 "없어요? 아니, 잠깐만! 전영신! 너 아빠 없지 않아?" "아니요. 저 아빠 있는데요?" "그래? 여기 없다고 나오는데. 너희 아빠 뭐 하시는데?" 영화 대사가 아니에요. 열한 살의 제가 벌벌 떨며 겪은 일입니다.

선생님은 그때 교육청에서 온 '결손 가정 현황 파악' 따위의 공문을 처리 중이었나 봅니다. 조건이 제대로 충족되지 못하여 부족한 형태의 가정. 저는 결손 가정 아동이었습니다. 그래서일까요? 이 책을 읽는 내내 마음이 아렸습니다. 유년 시절의 아픔이 고스란히 살아났어요. 부모의 이혼으로 엄마와 둘이 살게 된 미르, 아빠와 사별하고 재혼한 엄마 대신 할머니와 둘이 사는 소희, 엄마가 돌아가시고 아빠와 둘이 사는 바우까지. 세 친구 모두 아이다운 경쾌함이 없는 애잔한 삶을 살아요. 원망, 슬픔, 불안, 그리움에 잠겨 있습니다.

달밭마을에서 나고 자란 소희와 바우는 슬픔을 견디는 데 익숙해요. 소희는 비밀 일기장에 자신의 마음을 토해 내고, 선택적 함구증인 바우는 소리 내어 말하지 않을 뿐 듣는 이 없는 말은 누구보다 많이 합니다. 하지만 미르는 달라요. 분을 삭이지 못합니다. 하루아침에 시골 학교 전학생이 된 것도 마음에 안 들고, 엄마가 기어이 아빠와 헤어진 걸 인정하지 못해요. 정작 엄마는 아무렇지 않아 보여 더 화가 납니다. 자신의 불행이 모두 엄마 때문이라고 생각해요. 엄마 가슴에도 자신과 같은 생채기를 만들어 주고 싶어요.

꾹꾹 누르기만 하는 소희와 바우도 안쓰럽지만 내내 부루퉁한 미르도 애틋합니다. 미르는 엄마와 아빠가 어떤 이유로 이혼하게 된 건지 몰라요. 어른들 누구도 그 이유를 이야기해 주지 않았거든요. 모르기 때문에 더 인정할 수 없었겠지요. 그런데 사실 이혼이 어디 하루아침에 이루어지나요? 한 가지 이유만으로 이혼을 선택하지는 않습니다. 아이를 위해 참고, 세상 사람들의 시선이 두려워 또 참아요. 그렇게 몇 번을 견디다 한계에 부딪혀 어쩔 수 없이 하는 게 이혼입니다. 분명한 이유가 있기도 하고 없기도 해요. 이유가 있어도 아이에게 차마 설명하지 못 하는 경우도 있습니다. 그런데도 미르는 이유를 듣고 싶어요. 듣지 않고서는 엄마와 아빠를 이해할 마음이 생기지 않습니다.

난 절대로 행복해지지 않을 거야. 날 이렇게 아빠 없는 아이로 만들어 버린 엄마도 나만큼 마음이 아파야돼.

미르의 목소리입니다. 저는 이 부분을 읽으며 가슴이 저릿했어요.

모든 이혼 가정의 아이들이 이렇게 생각하는 건 아니겠지만 아이 마음속에 이런 응어리가 있다면 얼마나 아플까요. 이혼한 부부도 지금 인생에서 가장 큰 고비를 넘기는 중이잖아요. 슬프고 외롭고 상처받았지만 자식에게 드러내지 않기 위해 애쓰고 있잖아요. 그런데 애쓴다고 아이가 알아 주지 않아요. 아이는 조금도 괜찮지 않습니다. 그러니 표현하고 공유해야 해요. 저도 미르가 아니었다면 몰랐을 거예요.

아이들 힘으로 어쩌지 못하는 가족 구성원의 결핍, 그것이 주는 삶의 무게를 어떻게 견딜까요? 소희와 바우, 미르는 관계를 맺으면서 서로를 치유합니다. 자신의 상처에 갇혀 모든 것에 적대적인 태도에서 벗어나 친구의 아픔을 들여다봅니다. 뭘 어떻게 해 줘서가 아니라 존재 자체가 서로에게 위로가 되는 것이지요. 은유는 《글쓰기의 최전선》(메멘토, 2015)에서 '가장 큰 가난은 관계의 빈곤'이라고 했어요. 그런 의미에서 이 아이들은 가난하지 않습니다. 마음의 빗장을 열어 함께 성장하는 아이들, 대견하다는 말로는 한참 부족합니다.

나에게 상처 준 사람을 이해하고 용서하는 것도 극복의 한 방법입니다. 엄마에게 잔뜩 골이 나 있던 미르는 깊은 밤 엄마를 따라가 한 산모의 출산을 목격해요. 엄청난 고통 끝에 생명이 탄생하는 순간은 너무나 경이로웠어요. 엄마도 자기를 그렇게 낳았다고 생각하니 엄마에게 한 걸음 다가갈 용기가 납니다. 그 후 그 집에 드나들며 시어머니와 남편에게 푸대접을 받는 여성을 보고 자신의 엄마를 떠올립니다. 엄마가 집에 없는 것만 불평했지 엄마가 직장에 다니느라 얼마나 힘들었을지는 생각도 하지 않았거든요. 그때까지 엄마의 희생을 당연하다 여겼던 미르는 엄마를 엄마이기 이전에 한 여성으로, 한 인간으로 생각해 봅니다. 미르는 엄마의 삶도 참 고단했음을 짐작하고 그 고단함에 자신이 한몫 톡톡히 했음을 알아차립니다.

함께 읽을 만한 책으로 《완득이》를 추천합니다.  완득이 주변엔 어딘가 조금씩 부족한 사람들뿐이에요. 키가 작은 아버지, 말을 더듬는 삼촌, 그리고 베트남에서 온 어머니. 완득이는 열일곱 살까지 어머니의 존재를 모르고 살았습니다. 학교에서 선생님이 "너희 아버지 뭐 하시는데?" 하고 물어보면 "우리 아버지 카바레에서 춤 가르치는데요?"라고 해야 합니다. 완득이는 킥복싱을 배우면서 세상에 대한 분노를 삭이고, 세상에서 사라졌으면 했던 담임선생님과의 관계도 따뜻해집니다.

우리 아이 책 읽게 만드는 북 토크

1. 어른의 마음을 이해하게 도와주는 대화

결손 가정의 아이들은 무엇이 다를까? 엄마도 결손 가정의 아이였어. 누가 알게 될까 봐 늘 두려웠지. 어른이 되어 좋았던 것 중 하나는 엄마에게 더 이상 "너희 아빠는 무슨 일 하시니?"라고 묻지 않고 "당신은 무슨 일을 하나요?"라고 묻는다는 거였어. 엄마가 그 당시 원했던 것은 조건이 충족된 가정도, 누군가의 동정 어린 시선도 아니었어. 그저 "네 잘못이 아니야."라는 의연한 말 한마디였지.

2. 어른의 상황을 이해하게 도와주는 대화

자식이 부모의 고통을 들여다볼 수 있는 때는 언제일까? 엄마가 힘들고 아파 보였던 적 있어? 엄마는 외할머니가 늘 강하고 무서웠기 때문에 한 여자로, 한 사람으로 인식하며 그 삶을 안쓰러워한 건 엄마가 되고 나서인 것 같아. 엄마에 비하면 미르는 꽤나 일찍 엄마의 고통을 알아봐 줬네? 네가 보기에 한 여자로서, 한 사람으로서 엄마의 삶은 언제 보여?

3. 어려움을 이야기하고 극복하게 도와주는 대화

바우는 어떤 사람에게는 기꺼이 말을 하지만 일반적인 사회적 상황에서는 말하기를 거부하는 선택적 함구증을 앓고 있어. 몸의 장애와 마음의 장애는 많이 다르다. 엄마도 마음의 병을 앓아 본 경험이 있어. 과거형으로 말하기 애매할 만큼 그 병이 심심치 않게 엄마 마음에 찾아오지. 사람마다 마음의 병을 극복하는 방법은 달라. 바우는 그림을 그렸고, 엄마는 책을 읽고 운동을 했어.

《로테와 루이제》

**"부모가 불행한 결혼 생활을 해도 아이들이
행복해질 수 있다고 생각하시나요?"**

학교에서 아이들에게 가족의 소중함에 대해 자주 이야기합니다. 고학년 아이들은 부모를 바라보는 객관적인 잣대를 갖기 시작합니다. 우리 아빠가 최고고 우리 엄마가 전부였던 아이는 이제 없어요. 내 부모보다 잘난 부모가 보이기 시작하고, 부모님이 약속을 지키지 않으면 화를 냅니다. 그냥 넘어가는 법이 없어요. 이게 나쁘다는 것은 아니에요. 부모에게는 서운할 수 있지만 아이의 성장 과정에서 나타나는 자연스러운 변화입니다.

저는 아이들이 객관적인 잣대로 부모를 판단하기 전에 부모의 입장을 헤아리게 하고 싶었어요. 아이를 낳기 전에는 그저 효도와 공경이 절대불변의 가치라 여기고 가르쳤습니다. 그런데 아이를 낳아 보니 알게 되었어요. 교실에 오밀조밀 앉아 있는 모든 아이가 하나하나 다 꽃이라는 사실을요. 저는 그 꽃들을 피우기 위해 엄마들이 겪었을 어려움을 시기별로, 상황별로 들려줍니다. 갓난아기를 키우면서 잠을 못 잤던 고통, 아이가 아프거나 다칠까 봐 마음 졸였던 기억, 아이를 세상에 내어놓고 다른 사람과 잘 어울렸으면 하는 간절한 바람을 엄마의 목소리로 말해 주면 어느새 아이들 눈이 촉촉해집니다. 아이들도 다 알아요. 다만, 일상에 지쳐 잊는 겁니다. 어른만 힘든 게 아니에요. 아이들도 아이들 나름대로 치열하게 살아가고 있습니다.

가족 이야기를 할 때 이혼 얘기가 나오면 언제나 마음이 무겁습니다. 부모의 지루한 다툼과 아이들의 불안이 도사리고 있기 때문이지요. 그런데 이 책은 무겁지 않습니다. 쌍둥이 루이제와 로테는 어렸을 때 부모가 이혼하면서 헤어지게 됩니다. 루이제는 아빠와 빈에서, 로테는 엄마와 뮌헨에서 서로의 존재조차 모르고 살았어요. 그러다 여름 캠프에서 운명적으로 재회합니다. 아홉 살 꼬마 소녀들은 기막힌 음모를 꾸며요. 두 아이는 머리 모양과 말투, 이름까지 서로 바꾸고 루이제는 로테의 집으로, 로테는 루이제의 집으로 돌아갑니다.

이 과정은 꽤 어려웠어요. 둘의 성격이 완전히 달랐거든요. 루이제는 활기차고 장난스럽지만 로테는 나이에 비해 너무 얌전하고 어른스럽습니다. 루이제는 로테답게, 로테는 루이제답게 행동하기 위해 무던히 애를 씁니다. 하지만 아무리 노력해도 루이제는 로테가 될 수 없고, 로테는 루이제가 될 수 없어요. 바로 이 점이 부모님의 마음을 움직입니다. 엄마는 갑자기 어린애다워진 로테(사실은 루이제)를 보며 그동안 자신이 행복을 미뤄 왔음을 깨달아요. 오페라 작곡가인 아빠는 루이제(사실은 로테)가 전과 달리 피아노 연습을 열심히 하자 집에 일찍 들어가고 싶어요. 예술가들이 으레 그렇듯 자기가 결혼 생활에 적합한 사람이 아니라고 생각했고, 가족은 창작 활동에 방해만 된다고 여겼는데 말이에요. 부모가 아이를 키우는 게 아니라 아이가 부모를 키웁니다. 몰랐던 걸 깨닫게 하고, 놓쳤던 걸 다시 붙들게 합니다.

　가족의 구성과 해체에 있어 아이들은 항상 수동적입니다. 부모의 결정에 따를 수밖에 없지요. 부부가 이혼을 결정하기까지는 모두 그만한 사정이 있고, 그 과정에서 부서지고 흩어진 자신의 마음을 달래기도 바빠요. 아이들의 의견을 물을 여력이 없습니다. 몸도 마음도 지친 채 상황이 정리되면 그제야 아이의 외로움이 보여요.

　이 책이 특별한 이유는 아이들이 주체가 되어 가족의 회복을 이끈다는 점 때문입니다. 로테와 루이제 부모의 재결합에 가장 큰 걸림돌은 아빠의 여자 친구입니다. 여자 친구의 적극적인 구애로 결혼이 임박했을 때 로테가 나섭니다. 나서기 좋아하고 뭐든 거침없는 루이제가 아니에요. 로테입니다. 어른들 눈치를 살피느라 제 목소리 한 번 내 본 적 없고, 주저하는 데 익숙했던 그 로테가 아빠의 여자 친구를 찾아갑니다. 그리곤 아빠랑 결혼하지 말라고 당당히 말해요.

이 책을 읽으면 시간 여행을 하는 느낌이에요. 로테와 루이제는 뭐가 잘 안 되면 바로 편지를 쓰기로 했어요. 날마다 우체국에 가서 편지 온 거 없나 확인해 보기로 약속해요. 전화 한 통이면 될 텐데 왜 이렇게 하는 걸까요? 전화기가 있긴 한데 수동식입니다. 전화국 교환원이 연결해 주지요. 대체 시대적 배경이 언제길래 이렇게 낯선 상황들이 나오는 걸까요?

아이들과 함께 책을 읽다가 서지정보를 찾아봅니다. 제가 책 쓰기를 준비하면서 서지정보 보는 법을 배웠고, 아이들에게도 알려 주었어요. 그래서 저희 반 아이들은 초판과 개정판의 의미를 알고, 1쇄와 2쇄가 무엇을 뜻하는지 이해해요. 제가 저희 반 아이들과 함께 읽은 이 책은 개정판 81쇄였습니다. 아이들은 "우와~ 81쇄래~ 그럼 대체 몇 권이 만들어진 거야?" 하며 자기들끼리 계산해 보고는 놀랍니다. 저도 놀랐어요. 그만큼 많은 어린이에게 사랑받고 읽힌 책이니까요. 이 책은 10년 후에도 교실에서 아이들과 함께 읽고 싶은데요, 그때 읽게 될 책은 몇 쇄일까요? 몹시 궁금해집니다.

다시 시간 여행 이야기로 돌아가 봅니다. 이 책은 1995년에 초판 발행되었어요. 2009년생인 6학년 아이들에게 1995년은 아주 먼 옛날입니다. 그런데 이건 우리나라에서 발행된 해를 뜻해요. 그 밑에 보면 1949년에 스위스 취리히의 어느 출판사에서 출간된 것을 알 수 있습니다. 아이들도 저도 입이 떡 벌어졌어요. 1949년에 우리나라에서 있었던 일도 떠올려 보며 이게 도대체 언제 만들어진 이야기냐며 놀랍니다.

또 우리끼리 상상의 나래를 펼쳐요. 손가락 움직임 한 번으로 1초 만에 메시지와 사진이 전송되는 지금이라면 과연 이 이야기가 어떻게 펼쳐질까 하고요. 아빠의 여자 친구를 만나고 돌아온 로테가 신경성 열병을 앓으면서 루이제에게 편지를 쓰지 못하거든요. 그때 루이제는 매일같이 우체국 사서함 창구 앞으로 달려가 로테의 소식을 기다려요. 루이제와 엄마는 걱정되고 궁금해 죽을 지경입니다. 이 절실함이 엄마에게 용기를 줍니다. 이혼 후 십 년 동안 연락 한 번 한 적 없는 전남편에게 전화할 용기를요.

함께 읽을 만한 책으로 《산적의 딸 로냐》를 추천합니다. 산적 두목의 딸로 태어난 로냐는 자신의 세계가 전부라고 생각하며 살았어요. 원수지간인 또 다른 산적 무리의 아들 비르크를 만나기 전까지는 말입니다. 로냐와 비르크는 부모님을 떠나 동굴에 가서 살아요. 로미오와 줄리엣 같지요? 그런데 전혀 진부하지 않아요.  신비로운 숲을 탐험하는 둘의 이야기가 정말 재미있습니다. 어린이가 주체가 되어 어른들의 화해를 이끌어 낸다는 점이 이 책과 닮아 있어요.

우리 아이 책 읽게 만드는 북 토크

1. '다름'에 대해 생각해 보는 대화

남자와 여자가 만나서 사랑을 하면 결혼이 하고 싶어져. 사랑하니까 매일 보고 싶고 결혼하면 헤어지지 않아도 되니까. 엄마랑 아빠도 그랬어. 그런데 살다 보면 왜 다시 헤어지고 싶은 마음이 드는 걸까? 서로 원하는 게 다르기 때문이야. 로테와 루이제의 아빠는 혼자만의 시간을 원했고, 엄마는 함께하는 시간을 바랐지. 엄마는 네가 나중에 배우자를 선택할 때 서로 원하는 것을 빠짐없이 말하고 들었으면 좋겠어. 눈앞에 당장 원하는 것 말고 생애 주기별로, 구체적으로 말이야.

2. 아이의 자존감을 높여 주는 대화

이 책에서 엄마를 가장 불편하게 했던 장면은 로테의 꿈속에서 아빠가 "입 닥쳐라! 부모들은 뭐든지 해도 된다!"라고 하는 장면이야. 물론 엄마는 이 말에 동의하지 않아. 하지만 네가 할 수 있는 결정을 엄마가 대신해 주진 않았는지 돌아보게 되네. 너를 위한다는 핑계를 대면서 말이야. 너를 온전히 존중하고, 네 결정을 믿고 기다려 줄게. 무슨 옷을 입을지, 어떤 신발을 신을지, 누구와 어디서 놀지 너에게 더 많은 선택권을 줄게. 일상의 작은 선택과 그 결과들이 쌓여 너를 잘 자라게 할 거라 믿어.

3. 책의 글맛을 느끼게 하는 대화

이 책은 '초등학교 중학년 이상 권장'이라고 나와 있어. 이야기 자체는 단순하고 흥미롭지. 그런데 어휘나 문장 표현들은 결코 쉽지 않아. 예를 들면 "늙으면 완행열차가 되는 법이잖아요.", "열서너 살 먹은 증조할머니는 끼어 있지 않을까?" 같은 표현. 읽자마자 웃음이 터져야 하는데 그 뜻을 모르면 웃을 수가 없지. 대충 읽고 넘어가면 글맛을 느낄 수 없어.

《마당을 나온 암탉》

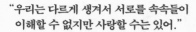

"우리는 다르게 생겨서 서로를 속속들이
이해할 수 없지만 사랑할 수는 있어."

딸아이를 키우면서 가장 힘들었던 점은 아이와 저의 성향이 완전히 다르다는 거였어요. 아이는 빨랐고 저는 느렸습니다. 아이는 새로운 도전이든 감정 표현이든 거침없었고 저는 주저했어요. 아이는 자기가 세상의 주인공이었고 저는 주변의 눈치를 살폈습니다. 아이는 항상 에너지가 흘러넘쳤고 저는 그걸 다 받아 주기도 전에 지쳤어요. 처음에는 '아이들이 다 그렇지 뭐. 크면 나아지겠지.'라고 생각했습니다.

그런데 아이가 여섯 살이 되면서 갈등이 잦아졌습니다. 퇴근해서 아이를 만나면 엉덩이 팡팡 두드리며 볼 비비기에도 바쁜데 자꾸 언성이 높아지고 감정이 상했어요. 남편은 두 모녀 사이에서 애를 태웠어요. 저는 사춘기가 되려면 아직 멀었는데 벌써 이러면 어떡하나 불안했습니다. 퇴근이 진심으로 두려웠어요. 학교에서는 각양각색 서른 명의 아이들을 잘만 이해하면서 집에서는 왜 내 아이 하나 이해하지 못할까 자괴감이 들었습니다.

그즈음 딸아이가 잘 다닌다고 믿었던 유치원에서 힘든 일을 겪고 새로운 유치원으로 옮겼어요. 유치원을 옮겨도 해결되지 않으면 어쩌나, 아이가 가기 싫다고 하면 어떡하나 걱정하느라 잠이 오지 않았습니다. 그리고 등원하고 며칠 지나 원장 선생님으로부터 전화가 왔어요.

"어머님, 어머님과 지안이가 많이 다르지요? 제가 보기에 어머님이 새파란 색이라면, 지안이는 새빨간 색이에요. 다른 거지 틀린 게 아니에요. 지안이는 너무 잘 크고 있고, 앞으로 더 잘 자랄 거예요. 지안이를 이해하려고 너무 애쓰지 마시고 더 많이 사랑해 주세요."

아파트 주차장 차 안에서 통화 중이었는데 전화를 끊자마자 소리 내어 엉엉 울었습니다. 내 아이를 이해하지 못한다는 죄책감, 내가 부족해서 우리가 어긋나고 있다는 불안감을 다독여 주는 이야기였어요. 이해보다 중요한 건 사랑이라는 것을 깨달았습니다. 이해하는 데는 노력이 필요하지만 사랑은 이미 내 안에 흘러넘치잖아요. 아이를 이해하려 애쓰느라 사랑 표현을 잊고 있었어요. 집에 오자마자 아이를 으스러지도록 안아 주었습니다. 아이는 더 힘껏 저를 안아 주더라

<u>고요.</u>

저와 딸아이만큼이나 서로 다른 가족이 있습니다. 주인공 잎싹은 난용종 암탉이에요. 양계장 철망에 갇혀 알을 낳는 것이 잎싹의 정해진 운명이었습니다. 하지만 잎싹은 운명을 거부합니다. 한시도 잊은 적 없는 꿈이 있기 때문이에요. 알을 품어 병아리의 탄생을 보는 것. 잎싹은 기적을 소망합니다. 그러려면 일단 양계장을 탈출해야 하는데 뜻밖의 이유로 그 탈출에 성공합니다. 주인은 잎싹이 더 이상 쓸모없다 판단하고 철망에서 꺼내 구덩이에 던져 버려요. 죽음의 구덩이에서 살아남을 수 있었던 건 청둥오리 '나그네' 덕분이었어요.

잎싹은 꿈에 그리던 마당으로 갔어요. 하지만 매몰찬 마당 식구들에게 하루 만에 쫓겨납니다. 야생을 헤매던 잎싹은 알 하나를 발견해요. 아무리 기다려도 어미가 나타나지 않자 그날부터 잎싹이 알을 품기 시작합니다. 얼마나 좋은지 목이 메었어요. 세상이 달라 보입니다. 잎싹이 알을 품는 동안 나그네가 곁을 지켜 줍니다. 물고기를 물어다 주고 족제비를 쫓아 주던 나그네는 결국 족제비에게 잡아먹히고 말아요. 나중에 알고 보니 잎싹이 스스로 가슴 털을 뽑아 가며 품은 그 알은 바로 나그네의 알이었습니다.

나그네의 죽음으로 슬픔과 두려움에 떨고 있던 잎싹에게 기적이 일어납니다. 아기가 알을 깨고 나왔어요. 잎싹이 속삭이는 말을 듣고 자란 그 알에서 드디어 아기가 탄생한 겁니다. 잎싹은 아기에게 '초록머리'라는 이름을 지어 줍니다. 초록머리는 엄마와 많이 달랐어요. 가르쳐 주지도 않았는데 스스로 헤엄을 쳤고 하늘을 날았어요. 잎싹은 그런 초록머리를 보며 가슴 벅차면서도 쓸쓸했어요. 초록머리는 계속 엄마 곁을 떠나려고 했거든요. 처음에는 집오리 무리에, 나중에는 야생 청둥오리 무리에 속하려고 무던히 애를 썼어요. 무리에서 외톨이가 될지언정 엄마 품으로 돌아오지 않습니다. 자기와 생김새가 다른 엄마를 받아들이지 못하는 거예요.

이 책은 2000년에 초판이 발행되었고 2011년에는 영화로도 만들어졌습니다. 책도 이미 읽었고 영화도 재미있게 봐서 이 이야기를 잘 안다고 생각했어요. 그런데 다시 읽으면서 많이 울었습니다. 그사이 제가 엄마가 되었기 때문이지요. 아이를 낳기 전에 이 책에서 제가 얻은 메시지는 '불가능해 보이더라도 꿈을 가져라. 간절히 소망하면 기적처럼 이루어진다.'였어요. 그런데 엄마가 되고 보니 전혀 다른 의미로 다가옵니다. 잎싹의 모든 순간에 제 감정이 포개졌어요.

처음 배 속에 아이를 품었을 때, 그 느낌을 어떻게 말로 표현할 수 있을까요. 나를 온전히 의지하는 그 작은 생명체를 어떻게든 안전하게 지켜야겠다는 사명감이 생겼습니다. 이전까지 한 번도 느껴 보지 못했던 감정이었어요. 아이가 세상 밖으로 나왔을 때 그 첫 만남의 감격스러움이 아직도 생생합니다. 내 안에서 피와 살이 붙어 작고 여린 인간의 모습을 한 아이가 그저 신비롭게 느껴졌어요.

아이가 아파 밤새 살필 때면 몸도 마음도 지쳐 울고 싶었어요. 그러나 예전 같으면 진즉에 포기했을 일에도 잎싹처럼 '정신 차려, 나는 엄마야!' 하는 마음으로 입술을 꼭꼭 깨물었어요. 아이를 위해선 무슨 일이든 할 수 있었습니다.

가장 제 마음을 후벼팠던 것은 잎싹과 초록머리의 이별 장면이었습니다. 저는 늘 이런 생각을 해요. '지금 나는 아이의 우주고 아이는 내 전부다.' 지금이 참 좋아요. 하지만 언젠가는 떠나보내야 하지요. 아이가 떠나고 어느 날 갑자기 찾아드는 쓸쓸함을 감당할 수 없을 것 같아요. 가만히 지켜보아야 할 때와 적극적으로 나서서 도와주어야 할 때를 구분하면서 아이를 세상으로 날려 보내는 일, 잘 할 수 있을까요?

함께 읽을 만한 책으로 《아주 특별한 우리 형》(고정욱, 대교북스주니어, 2018)을 추천합니다. 천방지축 자기만 알고 까불던 열 살 종민이에게 어느 날 갑자기 형이 나타납니다. 뇌성마비로 몸이 불편한 형이에요. 부모님은 그동안 형의 존재를 숨기고 종민이  몰래 이따금 형을 만나고 오셨대요. 부모님을 향한 원망과 배신감이 가득한데 형의 입장을 이해하라고 강요하니 더 화가 납니다. 나와는 너무 다른 형, 인정하고 싶지 않은 형을 과연 사랑할 수 있을까요?

우리 아이 책 읽게 만드는 북 토크

1. 아이의 자존감을 높여 주는 대화

청둥오리 나그네는 외톨이였어. 야생 오리도 아니고 집오리도 아닌 채로 살았지. 마당 식구들이 나그네를 천대했지만 나그네는 꿋꿋했어. 하지만 나그네의 아들인 초록머리는 외톨이가 되는 것을 두려워했지. 엄마를 떠나 자기와 닮은 무리에 끼길 바랐어. 같은 족속이라고 모두 이해하고 사랑하는 건 아닌데 말이야. 너도 살다 보면 초록머리와 같은 기분이 들 때가 있을 거야. 외톨이가 되는 것 자체가 두렵기도 하고, 누군가 나를 외톨이라며 동정할까 봐 두렵기도 하고. 하지만 그런 이유 때문에 네가 원하지 않는 무리에 억지로 낄 필요는 없단다.

2. 새로운 관점으로 생각해 보는 대화

엄마는 마당 식구인 개와 잎싹의 대화가 기억에 남아. 개는 자신이 마당을 지키고, 수탉이 아침을 깨우는 게 당연한 것처럼 잎싹도 닭장에서 알을 낳는 게 당연한 거라고 충고하지. 그게 바로 규칙이라고. 하지만 잎싹은 받아들일 수 없었어. 규칙이 싫을 수도 있잖아. 영원히 변하지 않는 규칙, 예외 없는 규칙은 없어. 규칙은 다수의 편의와 질서를 위해 정한 것인데 잘못된 규칙이라면 언제든 바로잡아야 한다고 생각해.

3. 사랑을 표현하는 대화

"엄마, 내가 떠나길 바라?" 초록머리의 물음에 잎싹은 물론 그렇다고 했어. 엄마도 네가 네 삶의 주인공이 되어 훨훨 날아가길 바라. 네가 언젠가는 정신적으로, 경제적으로 엄마 아빠로부터 독립하는 날이 오겠지. 엄마는 그게 건강한 삶이라고 믿어. 그래도 네가 "절대로 결혼하지 않고 엄마 아빠랑 살 거야." 하며 손가락 꼭꼭 걸고 약속하던 그 모습이 못내 그리울 것 같아. 내 사랑하는 아가. 열세 살이든 서른세 살이든 언제까지나 너는 나의 소중한 아가야.

8

우리 역사와
삶의 지혜를 보여 주는 책
BEST 5

《초정리 편지》

"예? 글을 배워요?"

《초정리 편지》(배유안, 창비, 2013)의 주인공인 열두 살 장운은 누이와 함께 아픈 아버지를 모시고 살았어요. 장운은 어느 날 산에서 토끼를 쫓다가 눈이 빨갛게 충혈된 토끼 눈 할아버지를 만납니다. 글자 같기도 하고 아닌 것 같기도 한 것을 외워 오면 쌀 한 되를 준다기에 신나게 외웠습니다. 그렇게 인연이 되어 날마다 배운 것이 바로 한글이에요. 누이에게도 한글을 가르쳐 주며 신기하다 했는데 그런 누이가 부모의 약값 때문에 종살이로 팔려 갑니다. 누이와 헤어진 설움을 견디던 장운은 한때 석수장이였던 아버지께 돌 깎는 일을 가르쳐 달라고 합니다.

장운은 스스로 돌 깎는 아이가 되었습니다. 돌을 만지면서 슬프거나 울적한 시간이 많이 줄었어요. 헛간에 파묻혀 돌을 만지고 있으면 날이 더운 줄도 몰랐지요. 돌을 다듬어 모양을 잡아 나가면 가슴이 뛰고 뭐라 말할 수 없이 기뻤습니다. 뛰어난 석수장이인 점뱅 아저씨 밑에서 잘 배우면 훌륭한 석수가 될 수 있겠다는 생각에 가슴이 벅찼어요. 우리 아이들의 진로 찾기도 이렇게 '가슴 벅참'에서 출발하면 좋겠습니다.

교육부에서 실시한 '초 · 중등 진로교육 현황 조사'를 보니 2020년 초등학생 희망직업 3위, 중학생 희망직업 1위, 고등학생 희망직업 1위가 교사입니다. 교실에서 교사들의 모습을 보고 우리 아이들 가슴이 뛰었을까요? 나도 우리 선생님처럼 훌륭한 교사가 되겠다는 생각에 설렜을까요? 그랬다면 교사로서 더없이 기쁘겠습니다. 짧게는 4년 뒤, 길게는 10년 뒤에 만날 후배 교사들을 두 팔 벌려 환영하겠습니다. 가르치고 배우는 행복을 함께 나누겠습니다. 그런데 아이의 마음이 움직인 꿈이 아니라, 고용 불안이라는 사회 문제나 부모의 권유로 가진 꿈이라면 어떨까요? 꿈을 이룬 아이들이 현실을 직면하고 상처받을까 걱정입니다.

갖가지 고난에도 장운이 주눅 들어 보이지 않는 이유는 기뻐할 줄 아는 아이이기 때문입니다. 토끼 눈 할아버지에게 처음으로 쌀 한 되를 받았을 때 어찌나 기뻤는지 발이 땅에 닿지도 않는 것 같았어요. 붓과 종이, 먹, 벼루를 선물 받았을 때는 그것들을 가슴에 싸안고서

입을 다물지 못했고요. 처음 돌을 다듬기 시작했을 때 어렵고 힘들었지만 깊이 몰두하는 기쁨을 느꼈어요. 떠나보낸 누이가 처음으로 편지를 보내 왔을 때는 가슴이 벌렁벌렁할 만큼 기뻤지요. 자신도 누이에게 글을 써서 소식을 전할 수 있다고 생각하니 좀처럼 흥분이 가시지 않았습니다. 장운은 자신의 처지가 힘들다고 기쁨을 축소하거나 가두지 않아요. 저는 이 책을 읽는 내내 마음껏 기뻐하는 장운의 아이다움이 참 좋았습니다.

사실 기쁜 것을 기뻐할 줄 알고 감사한 것을 감사할 줄 아는 것은 어려운 일입니다. 일상생활을 돌아보면 기쁨과 감사보다는 짜증과 불평이 더 많아요. 어른도 아이도 마찬가지입니다. 작은 일에 기뻐하고 감사하는 일이 오죽 힘들면 '감사 일기 쓰기'가 유행처럼 번질까요. 의식하지 않으면 기쁨과 감사는 참 힘든 일입니다.

저는 감사 일기 대신 '감사의 속삭임'을 실천합니다. 밤마다 잠자리에서 딸아이 볼을 쓰다듬으며 그날 하루 아이에게 감사했던 일을 속삭입니다. "아까 엄마 가방 대신 들어 준다고 해서 고마웠어.", "현관에 신발들 나란히 정리해 줘서 고마웠어.", "엄마가 빨리하라고 재촉했는데 짜증 내지 않고 따라 줘서 고마웠어." 하루에 세 개씩 해야지 마음먹었는데 이야기하다 보면 꼭 세 개가 넘습니다. 분명 하루 일과는 빡빡하고 힘겨웠는데, 잠자리에서 돌아보면 기쁘고 감사한 일이 많더라고요. 어느 주말 아침, 늦잠을 자고 있는데 딸아이가 제 얼굴을 만지며 속삭입니다. "엄마, 어제 엄마 덕분에 초콜릿 묻힌 마시멜로 먹어서 진짜 고마웠어요. 오늘 그 식당에 가서 엄마 생일파티 또 하면 안 돼요?"

역사 교과서에서 '세종대왕이 백성을 사랑하는 마음으로 한글을 만들었다.'라고 전하는 한 줄의 가르침과 이 책의 생생한 장면들은 감히 견줄 수 없어요. 장운의 부모는 글을 몰라 사기를 당하고 땅을 빼앗겼습니다. 장운이 누이에게 한글을 가르쳐 주었기에 떨어져 있어도 편지로 서로 소식을 전할 수 있었어요. 장운은 석수장이 어른들에게 듣고 배운 것을 종이에 적어 두고 자신의 기술을 연마합니다. 장운의 친구 난이도 장운에게 배운 한글 덕에 약효나 약재 다루는 요령을 써 두면서 의원의 꿈을 키웁니다. 같이 일하는 어른들이 어느새 장운 주위로 모여들고 땅바닥에다 막대기로 쓰면서 놀이처럼 글자를 가르치다 보니 '흙바닥 훈장'이 되었어요. 어른들이 "우리 같은 무지렁이가 글을 쓸 수 있으니 이 글자가 참말로 좋다."라고 하니 세종대왕의 애민정신이 빛을 발하는 순간입니다.

이 책이 드라마보다 재미있는 이유는 마지막 장면 때문입니다. 늘 정체가 궁금하고 건강이 걱정되었던 토끼 눈 할아버지와의 재회. 날마다 정자에서 만나 나이와 신분을 초월한 우정을 나누었던 사람, 어깨까지 흔들며 껄껄 웃다가도 긴 한숨을 내쉬며 근심을 토해 내던 그 할아버지가 바로 세종대왕이었던 거예요. 책을 읽는 내내 어렴풋이 짐작은 했지만 마지막 장면에서 그 정체가 독자들에게 극적으로 공개됩니다. 드라마에 이런 장면 꼭 있잖아요.

장운은 할아버지에게 그간의 안부도 묻고, 한글이 얼마나 유용했는지도 이야기합니다. 또 누이의 편지와 돌 깎는 기술을 적은 종이책을 보여 줍니다. 장운이 세종대왕으로부터 일방적으로 받기만 한 건 아니에요. 양반들의 반대에 부딪혀 괴로워하던 세종대왕도 장운이 한글을 활용하고 널리 가르친 이야기를 들으며 근심을 덜어요. 두 사람의 다정한 교감이 큰 감동을 줍니다.

함께 읽을 만한 책으로 《루이 브라이》(마가렛 데이  비슨(이양숙 옮김), 다산기획, 2007)를 추천합니다. 세 살 때 사고로 시력을 잃은 루이가 책을 읽고 싶다는 강렬한 마음으로 점자 알파벳을 만들어 내는 이야기입니다. 가난하고 무지했던 조선의 백성들이 글자를 읽고 쓸 수 있게 되면서 세상이 달리 보였듯 시각 장애인들도 루이의 점자 덕분에 새로운 세상에 눈을 뜹니다.

우리 아이 책 읽게 만드는 북 토크

1. 관심을 이끌어 내는 대화

마음속 어른 혹은 멘토를 직접 만나 교감하는 일. 그저 가슴에 품고 동경하는 것이 아니라 직접 만나서 이야기를 나누고 함께 성장하는 일은 인생에서 정말 소중한 경험이란다. 익숙한 관계와 사람을 귀하게 여기고 지키는 것도 중요하지만 새로운 관계를 맺고 배움의 기회를 만들어야 해. 엄마는 그런 경험이 있어. 바로 《초등 독서 노트의 힘》을 쓰신 이은정 선생님을 만난 일이지. 독서 교육이라는 공통의 관심사가 있고 엄마가 그토록 되고 싶은 작가의 꿈을 먼저 이룬 사람을 만나니 그 자체로 설레고 행복하더라.

2. 생각하는 힘을 키워 주는 대화

책 속의 세종대왕은 근심이 산처럼 물처럼 많다고 했어. 장운의 누이는 부자고 양반인데도 근심이 있는 게 이상하다고 했지. 근심이 없는 사람이 있을까. 많이 가진 사람, 지위가 높은 사람은 근심이 없을까. 공부를 잘하는 친구, 인기가 많은 친구는 근심이 없을까. 근심이 없는 인생은 행복할까. 너와 함께 근심에 대해 말하려다 근심의 본질에 대해 생각해 보았어. 근심은 부정적이고 사람을 힘들게 하니까 '줄이고 없애야 하는 것'이 아니야. 문제를 해결하고 더 나은 상황을 만들기 위해 근심에 빠지는 것이지.

3. 삶의 교훈을 주는 대화

장운은 토끼 눈 할아버지에게 배워 온 한글을 처음에는 누이에게 가르치고 나중에는 난이와 오복에게 가르쳤어. 그러면서 '우리 넷만 아는 비밀 글자'라며 기뻐했지. 가르치는 장운과 배우는 세 사람은 이게 공부라고 생각했을까. 세 사람은 가르치고 배우는 것 자체를 진심으로 즐거워했어. 그래서 글자 '공부'가 아닌 글자 '놀이'라고 표현했지. 우리가 책으로 하는 공부나 학교에서 하는 공부도 무언가를 위한 수단이 되면 괴롭고 힘들어. 그 자체가 목적이고 기쁨이면 좋겠어.

《책과 노니는 집》

**"우리 같은 것들은 날 때부터 천한 줄 알았는데
그렇지 않다고 하더구나."**

오래전부터 머릿속에 꿈처럼 품어 온 장면이 있습니다. 자동차 트렁크 가득 책을 싣고 전국을 다니면서 발길 닿는 곳에 차를 세우고, 돗자리를 펴고 누워 책을 읽는 거예요. 예전에는 운전면허도 없었고 지금처럼 책을 좋아하지도 않았는데 왜 그런 꿈을 꾸었을까요? 막연하지만 '책은 쉼이다.'라는 생각이 있었나 봅니다. 시끄러운 세상, 상처 주는 사람들과 멀어져 책이 선물하는 또 다른 세상을 구경하는 것이 바로 최고의 휴식 아닐까요?

제가 아이들과 일 년에 두 번씩 꼭 하는 행사가 있습니다. 학기 말에 교과서 진도가 끝나면 다른 반은 영화를 보는데, 저희 반은 '사가독서제'를 해요. 사가독서는 세종대왕이 집현전 학사들 중에서 뛰어난 자를 뽑아 독서에만 전념할 수 있는 휴가를 준 제도예요. 자택으로 돌아가 책만 읽을 수 있도록 하고 그 경비는 나라에서 지원합니다. 저희 반 아이들도 간식, 돗자리, 담요, 쿠션, 그리고 읽고 싶은 책을 잔뜩 챙겨 와서 하루 종일 책만 봅니다. 누워서, 혹은 친구와 등을 기대고 앉아 간식을 먹으며 책을 읽으면 아이들은 공부라 생각하지 않아요. 쉼이라 생각합니다. 저도 그날 하루는 편안한 옷차림으로 아이들 사이 어딘가 끼어 앉습니다. 얼마나 좋은지 몰라요.

이 책을 읽으며 책의 의미에 대해 생각해 봅니다. 주인공 장이의 유일한 동무는 책이었어요. 조선 최고의 수재이자 애서가인 홍 교리가 책에 대해 하는 이야기가 주옥같습니다. 어느 책을 먼저 읽을까 고민하는 것도 설레고, 이 책을 읽으면서도 저 책이 궁금하다는 마음이 저와 꼭 같아요. 어려운 문제가 생겼을 때는 책에서 답을 찾고, 심심할 때는 책에서 재미를 찾으라는 가르침도 제가 아이들에게 늘 하는 말입니다. 책이 좋으면 좋은 대로 나쁘면 나쁜 대로 모두 공부가 된다는 말도 인상적입니다.

이야기의 중심이 되는 역사적 사건은 조선 후기 천주교 박해입니다. 책을 베껴 쓰는 필사쟁이였던 장이의 아버지는 천주학 책을 필사했다는 이유로 관아에 끌려가 매질을 당하고 결국 목숨을 잃어요. 유일한 가족이었던 아버지가 돌아가시자 장이는 혼자가 됩니다. 책방 주인 최 서쾌의 보살핌 덕분에 책방 심부름을 하며 근근이 살아가던 장이는 책방의 최대 고객인 홍 교리와 인연이 닿습니다. 최 서쾌가 홍 교리에게 비밀스럽게 가져다주던 책은 사실 천주교와 관련된 책이었는데, 아무도 모르게 하려고 제목까지 바꿉니다.

이 책을 보면 조선 후기 한글 소설의 인기를 실감할 수 있습니다. 교과서에서는 서민들의 경제 상황이 나아지면서 서민문화가 발달했고, 그 예로 한글 소설, 판소리, 풍속화가 있다고 알려 줍니다. 이 책에서도 한글 소설의 재미를 아는 사람들이 책방에 찾아옵니다. 책방에서 먹고 자는 장이도 틈만 나면 한글 소설을 꺼내 읽어요. 재미있으니 밤을 새워 읽고 또 읽습니다. 장이가 '도리원'이라는 기방에 책 심부름을 갈 때, 최 서쾌는 이야기를 좋아하는 사람은 이야기가 끊기면 허기진 법이라며 빨리 가라고 재촉해요.

요즘 '부캐'라는 말을 많이 쓰잖아요. 평소 내 모습이 아닌 새로운 모습으로 행동할 때 쓰는 말이지요. 저는 '전기수(조선 후기에 소설을 읽어 주던 낭독가)' 캐릭터로 활동하고 싶어요. '전기수'라는 낱말은 이 책에서 처음 알게 되었어요. 교과서가 바뀌기 전에 이 책의 일부가 5학년 국어 교과서에 수록되었었는데 그때 이 낱말을 보자마자 운명처럼 끌렸어요. 마을 어딘가 아이들이 둘러앉은 곳에서 이야기꾼 역할을 하고 싶습니다. 같은 이야기라도 맛깔나게 전달해서 아이들이 수많은 세계로 넘나들게 하고 싶어요.

이 책은 제가 연이어 근무했던 두 학교 모두 30권씩 보유하고 있었어요. 그래서 매년 제가 맡은 반에서 온책읽기 도서로 선정했습니다. 온책읽기로만 8년을 함께했어요. 이미 읽었다고 아이들에게만 던져 주지 않고 매번 다시 읽었습니다. 다 아는 내용인데도 읽을 때마다 눈물이 났어요. 장이 아버지들의 지극한 사랑 때문이에요. 장이에게는 아버지가 둘입니다. 우선 '문장'이라는 이름을 지어 주고 갓난아기 때부터 장이를 키워 준 필사쟁이 아버지가 있어요. 어머니의 빈자리가 느껴지지 않을 만큼 자상한 아버지였고, 장이와 함께 작은 책방을 꾸리는 꿈을 갖고 있었지요. 그 아버지가 꿈을 이루지 못한 채 돌아가셨을 때 장이에게 아버지 역할을 해 준 건 최 서쾌였어요. 돌아가신 아버지와 달리 최 서쾌는 아주 냉정하고 엄했습니다. 실수를 웃어넘기는 법이 없었어요. 잔소리도 심했고, 가끔 회초리도 들었지요. 하지만 그 매서움 뒤에 숨은 사랑은 더 뜨거웠습니다. 세상에 혼자 남겨진 장이는 누군가에게 도움을 청하는 것이 어려웠고 혼자 눈물을 삼키는 데 익숙했어요. 그런 장이를 보며 최 서쾌는 가슴 아파했습니다.

아이들과 온책읽기를 할 때, 저는 항상 책의 첫 장chapter을 소리 내어 읽어 줍니다. 눈으로 읽는 것보다는 귀로 듣는 게 쉬워서 아이들이 좋아해요. 그리고 다음 내용이 궁금해져서 아이들 스스로 이어서 읽습니다. 이 책의 첫 장을 읽어 줄 때는 특별한 활동 두 가지를 함께 했어요. 우선 책 표지가 보이지 않게 가리고 시대적 배경을 알 수 있는 낱말을 헤아리며 들어 보게 했습니다. 아이들은 '호롱불, 흙담, 관아, 포졸, 양반, 상놈' 등을 찾아냈어요. 아이들이 '그냥 글의 분위기로 보아 옛날이라고 느끼는' 것과 '시대적 배경을 알게 하는 낱말을 찾으면서 듣는' 것은 그 집중도가 확연히 다릅니다.

그리고 이 책의 그림 작가가 되었다고 생각하고 삽화 한 장면을 그려 보게 했어요. 아이들 대부분이 아파서 누워 계신 아버지와 걱정하는 장이를 그렸는데 책에도 딱 그 장면이 나와 있어요. 이 부분의 중심사건을 제대로 파악했다는 뜻입니다. 책을 나눠 주고 그림만 먼저 찾아보라고 하면 여기저기서 탄성이 들립니다. 김동성 작가의 그림이 정말 아름답거든요. 배경과 옷차림, 인물의 표정 하나하나가 어찌나 정교하고 세밀한지 감탄이 절로 나옵니다.

함께 읽을 만한 책으로 《강을 건너는 아이》(심진규, 천개의바람, 2020)를 추천합니다. 백정의 아들로 태어난 장쇠의 삶은 가혹한 시련의 연속입니다. 칼 솜씨가 뛰어난 아버지 길석은 나라에서 금한 밀도살에 동원되었다가 영영 돌아오지 못해요. 아버지 대신 장쇠를 보살펴 준 육손도 빼어난 활 솜씨 때문에 착호인(호랑이 사냥에 앞장서는 사람)으로 불려 갔다가 이용만 당하고 버려집니다. 하지만 장쇠는 시련을 극복하고 기어이 신분의 강을 건넙니다.

우리 아이 책 읽게 만드는 북 토크

1. 고전 소설에 관심을 갖게 하는 대화

이 책에는 우리가 잘 아는 《춘향전》과 《심청전》 외에도 낯선 이야기 제목들이 많이 나와. 장이가 도리원에 배달한 책 중에 《전등신화》, 《숙영낭자전》, 《운영전》이 있었어. 홍교리가 장이에게 처음으로 필사를 맡긴 《광문자전》도 나오고 그 밖에 《배비장전》과 《임경업전》이라는 책도 나오지. 이 책들은 엄마도 아직 읽어 보지 못했는데, 우리 이번 기회에 도서관에 가서 이 고전 소설들을 빌려 볼까?

2. 재미있게 역사를 알려 주는 대화

조선 시대에는 왜 천주교를 박해했을까? 조선 시대에는 태어날 때부터 양반, 중인, 상민, 천민으로 신분이 정해져 있고 주어진 신분에 맞게 생활해야 한다는 인식이 있었지. 그런데 천주교는 평등사상을 내세웠기 때문에 신분 질서를 어지럽힌다고 생각했어. 그래서 천주교를 믿는 사람들이 처형되거나 유배를 가야 했어. 이 책에서 장이가 홍교리의 책장에서 천주교 관련 책을 모두 찾아내 불태우지 않았다면 홍교리는 목숨을 잃었을지도 몰라.

3. 책의 등장인물을 생각하게 하는 대화

이 책이 천주교 박해라는 역사적 사건과 장이의 성장만 그려 냈다면 무겁기만 했을 거야. 엄마가 이 책을 사랑하는 또 하나의 이유는 너무나 사랑스러운 캐릭터, 낙심이 때문이지. 이름에 얽힌 사연도 안타깝고, 어린 나이에 기생집에 팔려 온 걸 생각하면 마음이 아파. 장이와의 첫 만남부터 크고 작은 갈등이 생기지만 결정적인 순간에는 장이를 돕는, 미워할 수 없는 낙심이. 홍 교리의 손을 잡고 장이를 찾아온 마지막 장면까지 오래 기억에 남을 것 같아.

《담을 넘은 아이》

**"이런 집에서 태어난 게 죄고,
계집으로 태어난 게 죄지."**

지독한 가난과 계속되는 흉년, 어머니는 동생의 약값을 갚기 위해 젖어미로 팔려 갑니다. 열두 살 푸실이는 어머니를 그리워할 틈이 없어요. 어머니 대신 집을 쓸고 닦는 것은 물론 빨래도 하고, 아버지와 동생들 끼니도 챙기느라 바쁩니다. 형편은 어렵지만 푸실이에겐 남모르는 꿈이 하나 있어요. 그 꿈은 글자를 배워 책을 읽는 것이에요. 푸실이는 우연히 주운 책 한 권을 애지중지하며 틈날 때마다 꺼내 봅니다. 올곧게 써진 글자들이 아름다워 가슴이 두근거려요. 하지만 어머니는 아무짝에도 쓸모없으니 내다 버리라 하고 아버지는 우리 처지에 글이 무슨 소용이냐고 합니다.

요즘은 어디에나 책이 널려 있고 초등학교에 들어가기도 전에 너도나도 한글을 뗍니다. 하지만 푸실이는 제 이름을 쓸 줄도 몰랐고 글자를 보고 위아래도 구분하지 못했어요. 그래서 산에서 책을 처음 보았을 때 가슴이 말도 못하게 두근거렸어요. 책이 사람이라면 붙잡고 애원을 해서라도 무슨 내용을 품고 있느냐고 묻고 싶었지요. 쓸데없는 욕심이라 해도, 되잖은 허영이라 해도 언젠가는 읽고 싶었어요. 결국 푸실이는 어머니 몰래 새벽마다 돌금이를 찾아가 한글을 배웁니다. 한 글자씩 알아 가고 책에서 그 글자를 찾아 읽을 때마다 귀한 보물을 찾은 것처럼 신기하고 재미있었어요. 얼마나 많이 읽었는지 어느새 책을 외워 버렸어요. 어느 날 아버지가 아궁이에 책을 던져 모두 불타 버렸지만 책은 푸실이 머릿속에 그대로 살아남았습니다.

진짜 공부는 이런 게 아닐까요? 궁금해서 안달이 나고 누가 시키기 전에 먼저 알아서 하는 공부 말입니다. 스스로 붙들고 늘어지는 공부요. 우리 아이들이 이런 공부를 하면 얼마나 좋을까요? 그러면 세상 모든 부모님의 잔소리가 사라질 텐데 말이에요. 사회는 빠르게 변하고 경쟁은 더욱 치열해지니 부모는 느긋하게 아이를 기다려 줄 수가 없습니다. 아이가 배우고 싶다고 먼저 말할 때까지 기다렸다간 내 아이만 뒤처질까 불안합니다. 기다리는 게 얼마나 힘든 일인지 저도 압니다. 하지만 가끔 점검해 보려고요. 아이의 소중한 시간을 쪼개서 다니는 학원이나 센터에서 진짜 배움이 일어나고 있는지 말입니다.

푸실이에게는 동생이 둘 있습니다. 일곱 살 귀손이는 몸이 약하고 배고픈 건 못 참는 철부지예요. 푸실이는 풀밭에서 낳아서 푸실이가 되었고, 귀손이는 귀한 아들이라고 귀손이가 되었습니다. 그런데 태어난 지 6개월 된 여동생은 아직 이름도 없어요. 그저 '아기'라고만 부릅니다. 어머니는 귀손이를 가리켜 '하나밖에 없는 자식'이라고 합니다. 그 말이 푸실이의 가슴을 할큅니다. 아들만 자식이던 시절이에요.

부모의 반대에도 글자를 배우려는 푸실이의 저항이 유난히 외로워 보입니다. 어른들이 먼저 포기했기 때문이에요. 가난하다는 이유로, 신분이 천하다는 이유로, 여자라는 이유로 상황을 극복할 시도조차 하지 않아요. 이런 모습이 조선 시대에만 있었을까요? 아니에요. 오늘날에도 명문대 출신이 아니라서, 경력이 단절되어서 담을 넘기도 전에 주저앉는 일이 얼마나 많은지요.

어떻게든 아픈 아기를 살리려는 푸실이의 노력이 애처롭습니다. 아기가 죽든 말든 상관하지 말라는 아버지, 계집애 목숨값은 사내애 목숨값과 다르다고 말하는 어머니는 체념하는 어른입니다. 이보다 더 끔찍한 어른도 있어요. 푸실이 어머니를 젖어미로 산 이 대감입니다. 그는 푸실이 어머니가 몰래 아기에게 젖을 나눠 주는 모습을 보고는 의원에게 약을 짓습니다. 그 약은 건강한 자신의 손자에게는 좋은 보약이 되지만 허약한 아기에게는 독약이 됩니다. 이 대감은 울부

짖는 푸실이를 앞에 두고 도둑 젖을 먹은 대가라며 껄껄 웃기까지 해요. 저는 이 부분에서 소름이 돋았어요. 강자가 약자를 기만하고 조롱하며 일말의 죄책감조차 느끼지 않는 모습. 과거의 조선과 요즘 우리 사회가 꼭 닮지 않았나요?

다행히 본받을 만한 어른도 등장하긴 합니다. 바로 이 대감의 아들이 진사입니다. 이 진사는 자신의 아버지에 맞서 "이제 아는 것은 아는 것대로, 행하는 것은 행하는 것대로인 삶을 살지 않겠습니다."라고 외쳐요. 아는 그대로 행동으로 옮기겠다 선언하는 것이죠. 푸실이가 그토록 품고 다녔던 《여군자전》은 바로 이 진사의 죽은 아내가 쓴 책입니다. 이 진사는 뛰어난 글재주를 가지고도 쓰는 책마다 태워야 했던 아내를 생각하며 애달파합니다. 그리고 글을 배워서 책을 읽어내겠다는 푸실이에게 그 약속을 꼭 지켜 달라고 당부합니다.

"대감마님! 대감마님은 군자가 아니십니다." 푸실이 가슴속에 불이 붙고 그 불이 입 밖으로 쏟아져 나왔습니다. 이 책의 클라이맥스예요. 이 말을 듣고 이 대감은 길길이 날뛰지만 이 진사는 큰 깨달음을 얻습니다. 바꾸지 못할 일에 애를 쓰는 아내를 늘 안타깝게 여겼었는데 아내가 옳았어요. 아내가 남긴 책 덕분에 푸실이도 바뀌었고 자기 자신도 바뀌었으니까요. 무언가를 변화시키는 건 어려운 일입니다. 그런데 이 책이 분명하게 보여 주네요. 한 권의 책이 사람의 생각을, 더 나아가 인생을 변화시킬 수 있다는 것을요.

함께 읽을 만한 책으로 《이모의 꿈꾸는 집》(정옥,
문학과지성사, 2010)을 추천합니다. 시대적 배경은 다
르지만 이 책에도 담을 넘고자 하는 아이가 등장
합니다. 열두 살 푸실을 가로막은 담이 신분과 성
별이었다면, 열세 살 진진을 가로막는 담은 부모의
기대입니다. 부모의 꿈을 자신의 꿈으로 받아들여 정신없이 내달리
던 진진이 '어찌 살 것인가'를 고민하기 시작합니다.

우리 아이 책 읽게 만드는 북 토크

1. 사고를 확장하는 대화

이야기책으로 역사를 배우면 무엇이 좋을까? 물론 역사책보다는 역사적 사실에 대한 구체적이고 친절한 설명은 부족하지. 만들어진 인물이나 상황이 잘못된 역사 인식을 심어 줄 수도 있고. 하지만 긍정적인 점은 등장인물에 깊이 공감하게 된다는 거야. '글자를 몰라서 책을 읽지 못한 푸실이는 얼마나 답답했을까?' 하고 그 처지를 헤아리게 돼. 그러면서 '왜 그 시대에는 그럴 수밖에 없었을까?'라는 궁금증이 생기고, 바로 이 궁금증에서 역사 공부가 시작된단다.

2. 등장인물의 마음에 공감해 보는 대화

"그래서 이름도 안 지어 주는 거예요? 그래서? 언제 죽을지 모르니까, 죽어도 할 수 없는 아이니까?" 푸실이는 막냇동생에게 이름이 없다는 게 너무 화가 나고 슬펐어. 없어진 아기를 찾느라 동네를 헤매고 다닐 때도 '아기'라고 하니 아무도 단번에 알아듣지 못해 애를 먹었지. 나중에 푸실이가 아기에게 '해님이'라는 이름을 지어 주었잖아. 해처럼 세상을 밝히라는 뜻으로 말이야. 이름을 짓는다는 건 정말 특별한 일이란다. 엄마도 네 이름을 지을 때 얼마나 가슴이 벅찼는지 몰라.

3. 삶에 대한 태도를 생각하게 하는 대화

"너는 어찌 살 것이냐?" 푸실이는 이 질문이 이상하다고 느꼈어. 한 번도 들어 보지 못한 물음, 한 번도 생각해 보지 않은 물음이었거든. 그저 태어났으니 살았고, 밥을 먹었고, 눈을 뜨니 하루를 보내는 줄 알았지. 이건 인생에 정말 중요한 질문이야. 매 순간 이 질문을 떠올리지 않는다면 반복되는 하루하루에 갇혀 살 수도 있어. 엄마도 이 질문을 생각하지 않는다면 낮엔 학생들을 가르치고, 저녁엔 너를 돌보는 일을 기계적으로 되풀이하겠지. 엄마도 푸실이처럼 열심히 고민해 보려고. 교사로서 학생들에게 어떤 영향력을 주고 싶은지, 엄마로서 너에게 어떤 세상을 보여 주고 싶은지 말이야.

《꽃과 나비》

"그냥 나 죽었다고 해 줘."

초등학교에서 역사 교육은 5학년 2학기에 시작됩니다. '여성들은 일본군 위안부로 전쟁터에 끌려가 모진 고통을 당했다.' 저는 이 한 문장을 가르치는 게 너무나 어려웠어요. 대체 어떤 고통인지, 그 고통이 한 인간의 삶에 어떤 의미였는지 아이들은 알까요? 저는 이런 말들로 사회 수업을 채웠습니다. "사람을 사람으로 대하지 않았어요. 성을 상품화하고 놀잇감으로 생각했어요. 처음 보는 사람이 내 몸을 함부로 대했으니 얼마나 수치스러웠을까요?" 그런데 수업이 끝나고 나면 공허했어요. 모호한 설명으로는 아이들의 이해와 공감을 끌어내기 어려웠습니다. 스스로 무책임하다고 느꼈어요. 이렇게 설명하고 넘어갈 문제가 아닌데 매년 어렵기만 했어요. 그때 춘희 할머니를 만났고, 오열했습니다.

 이 책은 열일곱 살의 춘희와 희주 이야기가 번갈아 나옵니다. 희주는 춘희 할머니의 증손녀예요. 처음에는 희주가 춘희 할머니의 과거를 쫓아가겠거니 생각했습니다. 그런데 아니에요. 그때 거기에는 미치지 않으면 살아 낼 수 없었던 춘희 할머니의 시간이 있고, 지금 여기에는 이제 막 엄마의 외로움을 헤아리게 된 열일곱 희주의 시간이 있어요. 두 사람의 문제는 다른 듯 닮아 있습니다.

 주인공 춘희는 그곳이 가죽신을 만드는 곳이라 들었어요. 어떤 이는 군복을 만드는 공장, 또 다른 이는 가발 공장으로 알고 왔지요. 그러나 그곳은 '위안부'라 불리는 지옥이었습니다. 인간 대우를 받지 못하는 그곳에서는 미치거나 스스로 목을 매는 일이 수두룩했어요. 도망치다 잡히면 죽을 만큼 매질을 당했고, 성병에 걸려 죽으면 그 시체는 불에 태웠습니다. 전쟁이 끝나자 일본군은 앳된 처녀들을 산 채로 묻으려 했어요. 뜻대로 되지 않으면 마구 총질을 했습니다. 그야말로 거짓말 같은 이야기지요. 사지에서 가까스로 목숨을 부지한 춘희는 기차를 타고 고향 집으로 돌아옵니다.

 가족과의 재회를 꿈꾸며 생지옥에서 살아 돌아왔지만 춘희는 가족을 만나지 못했어요. 어머니는 돌아가셨고 어린 남동생은 누이를 찾아 중국으로 가 광복군이 되었는데 그곳에서 폭탄에 맞았다고 합니다. 춘희는 짐승처럼 울었어요. 고향 사람들은 춘희가 일본 놈들에게 몸을 팔았다며 수군거렸습니다. 그리고 다시 전쟁이 일어났어요. 춘희는 전쟁통에 엄마를 잃은 어린아이 하나를 맡게 되는데 그 아이를 아들처럼 키우며 살아갑니다. 사랑하는 사람을 만났지만 함께하는 건 욕심이라 여겨요. 갈 곳 없는 춘희를 거둬 준 국밥집 할매는 춘희에게 과거는 다 잊고 새 사람으로 살라고 합니다. 잘못한 것도 없이 죄인이 된 춘희는 그렇게 가족을 꾸립니다.

희주는 은채와 단짝이에요. 어느 날 은채가 희주에게 기막힌 고백을 합니다. 남자 친구인 준석이 상습적으로 데이트 폭력을 휘두른다는 겁니다. 희주는 펄쩍 뛰었지만 은채는 무섭다며 아무런 결단을 내리지 못해요. 죄지은 사람은 아무렇지 않은데 당한 사람만 두려움에 떠는 것이 그 옛날 춘희 할머니의 이야기와 닮아 있습니다. 고통을 꽁꽁 숨기려 했던 은채와 달리 희주는 기지를 발휘해 사람들에게 진실을 알립니다. 결국 준석은 부모님과 함께 무릎을 꿇고 사죄하고, 은채는 준석을 용서합니다. 그리고 모든 것은 제자리를 찾아요. 그런데 춘희 할머니는요? 가해자가 사죄를 해야 용서를 하든 말든 할 텐데 누가 사죄하나요? 언제까지 기다려야 하나요?

제가 초등학교 저학년이었을 때 일이에요. 어느 날 텔레비전에서 〈여명의 눈동자〉라는 드라마가 나오고 있었어요. 그때 어린 제가 보기에 도저히 이해되지 않는 장면이 있었어요. 여주인공이 위안부에서 일본 군인을 상대하는 장면이었습니다. 그 장면의 의미에 대해 저도 묻지 않았고, 엄마도 설명해 주지 않으셨어요. 의미를 몰랐기 때문에 호기심은 더 커졌고 오랜 시간 그 장면은 제 기억 속에 남았습니다.

요즘 아이들은 어떨까요? 6학년 아이들에게 위안부에 대해 물었습니다. "유관순이 위안부 아니에요?", "전쟁에 나가서 싸운 여자들이요.", "강제로 끌려가 군인들 심부름을 했어요." 가슴 아팠습니다. 제대로 가르쳐 주는 어른이 없었구나, 가정에서든 학교에서든 자세히 들을 기회가 없었구나 싶었어요. 저는 이 책 덕분에 아이들에게 역사적 사실을 이야기로 전할 수 있었습니다. 아이들은 한 시간 동안 깊이 몰입해서 제 이야기를 들었어요. 아이들은 인상을 찌푸렸고 탄식했으며 귀를 막기도 했습니다. 저는 아이들과 역사의 슬픔을 공유하며 잊지 않기로 약속했어요.

사실 이 책을 저희 학교 6학년 온책읽기 도서로 추천했었는데 최종적으로는 선정되지 못했습니다. "갑자기 허리띠를 풀고 바지를 내렸다.", "커다란 두 손으로 내 가슴을 움켜쥐었다." 같은 표현 때문입니다. 책 전체를 읽지 않고 이 부분에만 주목하는 어린이가 있을까봐 고민했어요. 춘희 할머니의 삶을 이해하기 전에 이 부분만 아이들 입에 오르내리면 어쩌나 불안했고요. 또 책을 읽고 궁금해하는 자녀들에게 어떻게 말해 줘야 할지 당혹스러울 부모님들이 떠올랐습니다. 교사들의 용기가 부족했어요.

이 책을 아이와 함께 읽어 보세요. 춘희 할머니의 삶 속으로 걸어 들어가 할머니와 함께 울고 함께 가슴 치다 보면 다른 생각은 들지 않아요. '모진 고통을 당했다.' 같은 모호한 표현보다 상황을 구체적으로 묘사한 문장들이 차라리 낫습니다. 모호한 표현은 엉뚱한 상상을 하게 하니까요. 있는 그대로의 모습을 보여 주고 들려주세요. 혼자 하기 어려우니 이야기책의 도움을 받으세요. 꼭 한 번은 진실과 마주해야 합니다.

아이의 역사 공부를 위해 어른들이 해야 할 일은 단 하나, 아이들이 역사에 관심을 가질 수 있게 도와주는 것이에요. 아이들은 역사를 매우 어렵게 느끼고 골치 아픈 암기 과목으로 여깁니다. 하지만 역사는 사람들이 살아 온 이야기입니다. 원인과 과정, 결과가 있는 이야기를 들려주면 아이들은 고개를 끄덕이고 관심을 보여요. 이야기는 아이들 마음에 스며들고 기억에 남습니다. 억지로 외울 필요가 없어요.

함께 읽을 만한 책으로 《유진과 유진》을 추천합니다. 역사 소설은 아니지만 아동 성폭력이라는 무거운 주제를 다루고 있어요. 큰 유진과 작은 유진은 같은 고통을 경험했지만 부모의 대처에 따라 다른 삶을 살아 가게 됩니다. 누구든 이 아이들에게 말해 주어야 합니다. "괜찮아. 네 잘못이 아니야."라고 말입니다.

우리 아이 책 읽게 만드는 북 토크

1. 주인공의 마음을 읽어 보는 대화

춘희의 친구 순이는 고향으로 돌아가지 않겠다고 했어. 아무도 자신을 모르는 곳으로 가겠다고 했지. 떠나 있는 동안 내내 그리웠을 집과 가족이 있는 고향으로 돌아가지 못하는 심정은 대체 어땠을까. 순이는 고향을 떠나기 전의 자기 모습으로는 영영 돌아갈 수 없다고 생각한 거야. 사람들이 수군대며 손가락질할 것을 예상하고는 미리 도망친 거지.

2. 주인공의 아픔을 생각해 보는 대화

만약 엄마가 춘희 할머니라면 남편과 아들에게 그 시간을 고백할 수 있을까? 고백하고 나면 후련하게 마음의 짐이 덜어질까? 그렇지 않을 것 같아. 엄마는 춘희 할머니처럼 끝까지 가슴 속에 묻어 둘 것 같아. 입 밖으로 내어놓는 순간 모두에게 상처만 줄 테니까. 가족들 마음도 찢어질 거고, 그 가족들을 지켜봐야 하는 내 마음도 지옥이겠지. 이런 엄마와는 다르게 용기 있는 목소리를 들려준 할머니도 계셔. 바로 영화 〈아이 캔 스피크〉(김현석 감독, 2017)의 '나옥분' 할머니야. 엄마랑 이 영화 같이 보자.

3. 역사 문제를 생각해 보는 대화

'위안부'의 한자를 보면 화가 나. '위로할 慰, 편안 安, 여자 婦'를 쓰거든. 전쟁터에 있는 일본군을 위로하고 편안하게 해 주기 위해 위안소를 설치했다는 거야. 같은 장소에서 누군가는 죽음의 공포를 느끼는데 누군가는 위로와 편안함을 느낀다니, 아무리 생각해도 분하고 억울해. 국제 사회에서는 '위안부' 대신 '성노예'라는 용어를 사용한대.

《몽실 언니》

"내 성도 이젠 김가야?"

'전쟁의 아픔', '통일의 필요성'이 요즘 아이들 마음에 와닿을까요? 80년대에 태어난 저조차도 전쟁의 아픔을 머리로만 이해하고 있습니다. 어릴 적 텔레비전에서 이산가족 찾기 특별생방송을 보면서 저렇게 어렵게 만났는데 또 헤어지려면 정말 슬프겠다고 생각했어요. 사회 교과서에서 전쟁고아의 처연한 표정이 담긴 사진을 보면 마음이 찡했습니다. 그게 다예요. 막연한 이해입니다. 아이들에게 전쟁의 배경과 전개 과정, 결과는 설명할 수 있어요. 하지만 그 고통을 가늠하게 하는 것은 어려워요. 그럴 때 저는 몽실 언니를 만나게 해 줍니다. 이 책을 읽은 아이들은 역사에 깊이 탐닉합니다. 교과서에는 다 담지 못한 전쟁의 고통이 줄줄 흐르는 책이거든요.

1947년, 몽실은 일곱 살이었습니다. 몽실과 엄마는 아버지가 집을 비운 사이 도망치듯 새아버지 집으로 갔어요. 친아버지 집에서는 굶거나 구걸을 해야 했는데 새아버지 집에서는 쌀밥과 생선 반찬까지 먹었어요. 덕분에 친아버지도, 가난도 몽실의 머릿속에서 금방 사라집니다. 그런데 동생 영득이 태어나자 상황이 달라져요. 친딸처럼 키워 주겠다던 새아버지는 얼굴을 바꿉니다. 그러던 어느 날 친아버지가 찾아와 마을을 휘저었고, 이 난리통에 몽실은 새아버지에게 떠밀려 절름발이가 됩니다.

　　결국 몽실은 어머니를 떠나 친아버지에게 갑니다. 아버지의 폭력에 시달리지만 불행 중 다행으로 새어머니와 정을 나누며 잘 지내요. 1950년, 몽실의 아버지는 전쟁터로 끌려가고 새어머니는 아이를 낳고 죽습니다. 그 아이가 바로 몽실이 등에 항상 업혀 있는 난남이에요. '몽실 언니'하면 떠오르는 이미지가 있어요. 검정 단발머리에 포대기로 아기를 업은 모습이요. 요즘 아이들은 몰라도 엄마들은 알아요. 1990년에 TV 드라마로 제작되어 큰 인기를 끌었거든요.

　　평범한 삶을 사는 사람들이 가늠할 수 있는 '가난'의 범위는 어느 정도일까요? 남들보다 작은 평수의 집, 덜 좋은 차, 그런 것을 두고 우리는 가난하다고 하지 않습니다. 몽실이 겪는 가난은 당장 먹을 것이 없는 가난이에요. 깡통을 들고 집집마다 대문을 두드리며 밥 한 공기, 죽 한 사발을 얻어 동생을 먹여 살리는 절대빈곤입니다. 가난을 대강 짐작하는 것과 구걸하는 몽실의 발치를 따라다니며 가난을 목격하는 것은 차이가 큽니다. 갑자기 전기밥솥에서 밥 한 숟가락 푹 떠서 꼭꼭 씹어 먹으면 단맛이 날 것 같아요. 새삼 내 삶이 안전하게 느껴지고, 내 밥상이 감사해서 가슴이 벅차요.

몽실이 돌보는 것은 난남만이 아니에요. 친어머니가 죽고 남겨진 동생 영득과 영순도 돌봅니다. 난남에게 "조금만 기다려. 언니 금방 다녀올게."라고 하고 영득, 영순에게 달려가 엄마의 빈자리를 채워 줘요. 전쟁에서 부상을 입고 돌아와 제구실 못 하는 친아버지를 돌보는 것도 몽실입니다. 아버지의 상처를 치료해 보겠다고 부산 무료 병원 앞에서 비를 맞고, 구걸을 하며 보름 동안 줄을 서요. 그런데 진료를 코앞에 두고 아버지가 세상을 떠납니다. 어린아이의 몸과 마음에서 이런 헌신이 나온다는 게 도저히 믿어지지 않아요. 부모도 경제적 궁핍 앞에서 자식을 포기하는 경우가 허다한데 무엇을 받아 본 적도 없는 몽실은 어쩌면 이렇게도 자기 것을 내어 주기만 할까요?

어린 몽실의 삶이 참 애달팠어요. 저는 다 큰 몽실의 삶이 궁금하기도 했고 아니기도 했습니다. 여전히 쓸쓸하면 어떡해요. 차라리 모른 채로 이야기가 끝났다면 어땠을까요. 그런데 작가는 기어이 삼십 년 후 몽실의 모습까지 보여 줍니다. 복잡한 가정사 때문인지 시집을 가지 않겠다고 벼르던 몽실은 구두 수선장이 꼽추와 결혼해요. 짐을 하나 더 짊어진 것이지요. 영득과 영순은 나쁜 새어머니 때문에 어린 시절을 눈물로 보내고 난남은 십년 째 결핵을 앓고 있습니다. 몽실은 본인의 생활도 힘든데 여전히 동생들을 살뜰히 살핍니다.

이 책을 읽으면서 목에 가시처럼 걸리는 단어가 두 개 있었어요. 바로 '화냥년'과 '양공주'입니다. 몽실의 친어머니가 아버지를 두고 재혼했다는 이유로 친구 남주는 몽실에게 '화냥년의 딸'이라고 해요. 전쟁이 끝난 뒤 갈 곳 없는 몽실과 난남을 품어 준 서금년은 주한 미군을 상대로 몸을 파는 양공주에요. 이 참혹한 두 단어를 아이들에게 어찌 설명해야 할까요? 지독한 현실에 떠밀려 어쩔 수 없었다고 해야 할까요? 아니면 개인의 선택일 뿐 타인이 옳고 그름을 판단할 수는 없다고 해야 할까요? 아이들과 함께 책을 읽다가 "선생님, 화냥년이 뭐예요?", "엄마, 양공주가 뭐예요?"라고 물어도 당황하지 않기 위해 미리 공부합니다. 유래를 찾아보고 관련 자료를 살피니 역사 공부가 절로 됩니다. 알면 알수록 안타까워요.

이 책을 읽기 전에는 사는 게 전쟁이라는 말을 참 쉽게 했어요. 취업도, 육아도, 내 집 마련도 모두 힘들잖아요. 그런데 몽실을 만나면 더 이상 그 말을 할 수 없습니다. 결핵 요양원에 있는 난남은 언니에게 《안네의 일기》를 구해 달라고 부탁합니다. 저는 난남과 몽실 언니, 서금년 아줌마, 그리고 그 당시 한국의 모든 여자가 안네 같아요. 전쟁이 아니었다면 그녀들의 삶이 그토록 고달프지 않았을 거예요.

전쟁은 단순한 추상명사가 아니다. 그것은 사람들의 머리 위로 떨어지는 포탄이며, 구덩이에 파묻히는 시체 더미이며, 파괴되는 보금자리이며, 생사를 모른 채 흩어지는 가족이다.

황현산의 《밤이 선생이다》(난다, 2016)라는 책에 나오는 구절입니다. 전쟁이 과거의 먼 이야기로만 머물러 있어서는 안 됩니다. 컴퓨터 게임 속 배경이 되어 오락 요소로 인식되어서는 더욱 안 됩니다. 우리에게는 아직 풀지 못한 숙제가 있습니다. 과거의 짐을 우리 아이들에게 떠넘기는 것 같아 미안해요. 하지만 두 번 다시 이런 비극이 일어나지 않게 평화와 통일의 길로 나아가길 바랍니다. 우리 아이들이 그 길에 앞장서 주면 좋겠어요.

함께 읽을 만한 책으로 《그 여름의 덤더디》를 추천합니다. 1950년, 순수한 시골 소년 탁이와 소 덤더디의 이야기입니다. 모두가 힘들고 배고픈 피난 길에서 탁이는 덤더디를 지키기가 쉽지 않아요. 작가는 이렇게 말합니다. '나는 아버지께 들었지만 나중에 우리 아이들은 이 아픈 이야기를 어떻게 들을까.' 전쟁을 다룬 이야기책을 아이들과 함께 읽어야 하는 이유입니다. 교과서로는 턱없이 부족하고 영화는 자극적인 요소가 많아요. 그래서 이런 책들이 참 고맙습니다.

우리 아이 책 읽게 만드는 북 토크

1. 근현대사에 관심을 두게 하는 대화

전쟁은 왜 일어났을까? 그리고 전쟁이 남긴 것은 무엇일까? 최태성 작가는 《역사의 쓸모》(다산초당, 2019)라는 책에서 지금 우리가 '못 사는 나라' 하면 소말리아나 에티오피아를 떠올리듯 그 시절 외국 사람들은 한국을 떠올렸다고 했어. 전쟁이 훑고 지나간 그때 우리나라 사람들의 삶은 어땠을까? 엄마도 외할머니한테 물어봤어. 1950~1960년대 우리나라가 얼마나 가난했었는지 말이야.

2. 주인공의 마음을 읽어 보는 대화

몽실은 가정에서 겪을 수 있는 모든 불행을 겪었어. 부모의 재혼, 가정 폭력, 그리고 경제적 궁핍까지. 어느 것 하나 손꼽을 수 없을 만큼 고통스러운 경험이었겠지. 네가 만약 이런 불행을 겪는다면 어떨 것 같아? 엄마는 어릴 때 아버지가 돌아가셨기 때문에 어머니가 언젠가 재혼할 수도 있겠다 상상해 본 적이 있어. '아버지가 없는 것보다는 누구라도 있는 게 나을까? 없는 것보다 못한 새아빠도 많다던데.'라는 생각을 하며 때론 궁금하고 때론 불안했지.

3. 생각의 힘을 키워 주는 대화

몽실이 꽃 파는 아이를 만났던 일화를 떠올려 보자. 몽실은 그 아이가 안쓰러워 동전을 주려고 하는데 아이는 "내가 거진 줄 아니?"라며 야무지게 대거리를 하지. 난남을 위해 젖동냥도 다니고 밥 동냥도 다녔던 몽실에게 배고프면서도 동정을 받지 않으려는 그 아이는 신선한 충격이었어. 구걸은 나쁜 걸까? 막다른 골목에 내몰리면 구걸이라도 해서 연명해야 할까? 아니면 어떠한 경우라도 구걸만은 하지 말아야 할까?

9

우리 아이를
미지의 세계로 데려다줄 책
BEST 5

《바보 같은 내 심장》

"이걸 늘 지니고 다녀야 한다.
넌 이게 있어야 살 수 있어."

'아프리카' 하면 어떤 이미지가 떠오르나요? 아마 아이들이 굶주리는 모습이나 드넓은 초원에 동물들이 뛰어노는 모습이겠지요. 이 책에는 아프리카 소녀가 등장합니다. 텔레비전 화면을 통해 만들어진 몇 개의 이미지가 전부인 제게 이 책은 아프리카 사람들의 생활 모습을 생생하게 보여 주었어요. 방 한 칸짜리 초막집에 사는 시산다네 가족은 우갈리와 니에베 전병을 만들어 먹습니다. 양을 치는 베니아 삼촌은 양젖을 짜서 치즈를 만들어 장에 내다 팔아요. 달리는 걸 좋아하는 엄마는 어릴 때부터 신발을 신어 본 적이 한 번도 없습니다. 먼 곳에 사는 아빠에게 전화하고 싶으면 카텔로 아저씨네 가게에 가서 통화료를 내고 해야 합니다. 이런 장면들을 머릿속에 그리면서 아프리카는 그저 멀리 있는 가난한 나라가 아니라, 생동감 넘치는 삶의 터전으로 다가왔습니다.

이 책의 주인공 시산다는 태어날 때부터 고장 난 심장을 가졌어요. 일 년에 한 번, 자동차로 여섯 시간을 달려가 병원에서 검사를 받아요. 주치의 선생님은 만날 때마다 정말 기적이라고 말합니다. 언제라도 죽을 수 있다는 걸 가족 모두 알고 시산다 자신도 알아요. 외국에 있는 전문 병원에서 수술을 받는 게 가장 좋은데, 시산다네 형편으로는 꿈도 꿀 수 없습니다. 이대로 수술을 포기해야 하는 걸까요?

아이가 아프면 엄마는 더 강해집니다. 딸아이는 제 뱃속에서 34주를 채우지 못하고 세상에 나왔어요. 고작 1.83킬로그램이었습니다. 태어나자마자 인큐베이터에 들어갔고 생이별은 보름 동안이나 이어졌습니다. 보름 동안 한 번도 아이를 안아 주지 못했어요. '내가 무얼 잘못 먹었을까. 어떤 생활 습관이 문제였을까. 그것도 아니면 내가 누군가에게 큰 잘못을 저지른 걸까.' 그 작은 아이를 보면서 죄책감과 미안함에 몸부림쳤어요. 간호사가 옆에서 "어머님, 아이는 아픈 게 아니라 작은 거예요. 그러니까 울지 마세요."라고 해도 들리지 않았어요. 모든 게 제 잘못 같았지요. 그런데 주저앉아 있을 수만은 없었습니다. 저는 마음을 굳게 먹고 모든 시간과 에너지를 아이에게 쏟았어요. 힘든 줄도 몰랐습니다.

시산다의 엄마는 마라톤 대회에 도전합니다. 우연히 주운 신문에서 마라톤 대회 우승 상금을 보았기 때문이에요. 엄마는 원래 매일 아침 눈뜨자마자 달리기부터 하는 사람입니다. 누가 왜 달리냐고 물으면 엄마는 "몰라요. 내 다리한테 물어보세요. 아침만 되면 이 두 다리가 달리고 싶어 해요."라고 했어요. 엄마인 저는 그 마음이 어렴풋이 짐작됩니다. 아픈 아이에게 해 줄 수 있는 게 아무것도 없다는 사실은 부모를 고통스럽게 하지요. 시산다의 엄마 역시 고통을 잠시라도 잊기 위해 그렇게도 달린 건 아닐까요.

일곱 살 딸아이에게 잠자리에서 이 책을 이야기했어요. 책을 펴고 글을 읽어 준 것이 아니라 제가 읽은 기억을 되짚어 이야기로 들려주었습니다. 아이는 낯선 아프리카의 생활 모습에 호기심을 보이며 금세 몰입했어요. 마라톤 대회 참가비를 마련하기 위해 양을 내다 파는 부분에서 얼마나 울던지 달래느라 진땀을 뺐습니다. 소중한 양을 팔게 만든 마라톤 조직 위원회가 나쁘대요. 딸아이에게 "엄마도 널 위해서라면 그 어떤 소중한 것이라도 기쁘게 포기할 수 있어."라고 했더니 겨우 잦아든 울음이 다시 터집니다. 아이의 모습에 저도 울컥해서 둘이 부둥켜안고 소리 내서 엉엉 울었습니다. 한밤중 소동에 남편이 놀라 무슨 일이냐며 물었지만 우리는 대답도 못 하고 그렇게 서로의 사랑을 넉넉하게 느꼈어요.

시산다는 남들에겐 평범한 것도 특별하게 보는 눈이 있습니다. 우선 심장이 그래요. 우리는 내 몸에 심장이 있다는 것, 그 심장이 쉼 없이 뛰고 있다는 것이 너무 당연해서 인식하지 못해요. 하지만 시산다는 아니에요. 아침에 잠에서 깨면 심장 소리부터 확인합니다. 멈추지 않고 잘 뛰면 사랑스럽고 귀여운 심장이라 하고, 너무 빨리 뛰거나 이상한 소리가 나면 바보 같은 심장이라 합니다. 심장과 이야기를 나눠요.

시산다에게는 학교란 특별한 장소입니다. 보통의 아이들이라면 학교 가는 게 일상이고, 때로는 힘겨운 숙제지만 시산다에게 학교는 다른 사람들과 똑같이 지낼 수 있는 유일한 곳이에요. 공부는 머리를 쓰는 일이니까 심장에 부담이 가지 않는대요. 그래서 단 하루도 학교를 빠지기 싫다고 합니다. 아픈 심장 탓에 갈 때는 삼촌에게, 올 때는 엄마에게 업혀서 옵니다.

마지막으로 시산다에게 숫자는 세상에서 가장 좋은 친구예요. 매일 같이 자신의 심장 박동 수를 세기 때문인지 숫자에 능통합니다. 친구들은 애써 외워도 알까 말까 한 구구단이 시산다에게는 너무 쉬워요. 엄마의 달리기 속력을 계산하는 법도 누가 가르쳐 주지 않았는데 스스로 깨우쳤어요. 몇 살이냐고 묻는 의사 선생님에게 "아홉 살이요."라고 대답하지 않고 "3,418일이에요."라고 대답합니다. 시간으로 따지면 둘 다 똑같지만 3,418일이 훨씬 더 길게 느껴지기 때문이에요. 언제 죽을지 모르는 시산다에겐 많은 날을 살았다는 느낌이 매우 소중합니다.

마을공동체의 협동과 화합도 이 책의 묘미입니다. 시산다네 가족의 일거수일투족에 온 마을이 들썩여요. 마라톤 조직 위원회에서 편지가 왔을 때는 마을 사람들이 죄다 구경하러 몰려옵니다. 상금 액수를 듣고 입이 쩍 벌어지기도 하고, 상금으로 뭘 할건지 궁금해해요. 엄마가 전갈에 쏘여 실종되었을 때는 마을 사람들이 모두 나서서 결국 엄마를 찾아냈어요. 마을 아주머니와 학교 선생님까지 와서 아픈 엄마와 시산다를 지켜 줍니다. 차로 15시간 걸리는 마라톤 경기장에 엄마를 보내고는 모두 엄마 걱정에 잠을 이루지 못합니다. 먼 곳까지 따라갈 수 없었던 시산다에게 엄마의 모습을 보여 주기 위해 카텔로 아저씨는 텔레비전을 구해 오고요. 지독한 바람에 안테나가 흔들려 중계방송이 자꾸 끊기지만 온 마을 사람들은 텔레비전 앞에 모여 한마음으로 응원합니다. 오늘을 살아가는 우리에게는 익숙지 않은 풍경이라 더 따뜻하게 느껴집니다.

함께 읽을 만한 책으로《조금만, 조금만 더》(존 레이놀즈 가디너(김경연 옮김), 시공주니어, 2020)를 추천합니다. 열 살 소년 윌리가 할아버지를 위해 개 썰매 경주 대회에 도전하는 이야기입니다. 우승 상금을 받아야 감자 농장 세금도 내고 할아버지의 건강이

회복되기를 기대할 수 있어요. 한 번도 우승을 놓쳐 본 적이 없는 얼음 거인에게 도전하는 어린 소년의 열정과 개의 희생이 뭉클합니다.

우리 아이 책 읽게 만드는 북 토크

1. 부모의 사랑을 말해 주는 대화

책을 읽는 내내 가족의 사랑이 느껴져 가슴이 먹먹했어. 외할머니, 엄마, 삼촌은 모두 각자의 방식으로 시산다에게 최고의 사랑을 퍼붓지. 외할머니는 주술을 외우고 약초를 캐 와. 그것도 어쩔 수 없다고 여겨질 땐 깊은 밤 언덕으로 가서 조상님들께 빌지. 시산다의 엄마는 부상의 고통 속에서도 끝까지 포기하지 않고 마라톤을 완주해. 삼촌은 매일 아침 시산다를 업고 학교에 가지. 엄마 아빠도 말로 다 표현할 수 없을 만큼 너를 사랑한단다. 우린 가족이니까.

2. 삶과 사랑에 관해 생각해 보는 대화

'언제라도 죽을 수 있는 삶'을 산다는 건 대체 어떤 걸까? 무언가를 더 많이 가지는 것, 경쟁에서 이기는 것이 다 무의미하게 느껴질 것 같아. 너와 눈을 맞추며 이야기하고, 네 보드라운 살결을 쓰다듬을 수 있는 이 시간이 얼마나 소중한지. 우리 더 많이 사랑하자. 미래의 성공을 위해 오늘의 행복을 미루지 말자. 지금, 여기, 너와 내가 건강히 살아 있고 함께할 수 있음에 감사해.

3. 연계독서를 유도하는 대화

실제로 이 책은 케냐의 여성 마라톤 선수에게서 소재를 얻었다고 해. 케냐에서는 마라톤으로 부와 명예를 얻을 수 있어서 많은 젊은이가 마라톤에 도전한대. 2020년 마라톤 세계 신기록을 보유한 킵초게 선수의 국적도 케냐야. 엄마가 찾아보니 《케냐 마라톤, 왜 빠른가》(추바치 신이치(이윤희, 미즈노 지즈루 옮김), 광림북하우스, 2013)라는 책도 있더라고. 엄마는 이 책을 읽고 난 후에 텔레비전에서 마라톤 선수들을 볼 때마다 시산다 가족의 모습을 상상해 보곤 한단다.

《닐과 순다리》

"인생에는 돈보다 소중한 게 더 많아요."

'돈 많은 백수'

6학년 3월 진로교육 시간, 장래희망을 쓰는 칸에 저희 반 아이가 이렇게 적었습니다. 안타깝고 화가 났습니다. 대체 누가 어린이들 마음속에 이런 가치를 심어 준 걸까요? 어른들입니다. 어른들이 만든 미디어예요. 저는 가치관의 옳고 그름을 따져서 바로잡아야 합니다. 그런데 그럴 자신도, 능력도 없어 애꿎은 아이에게 되묻습니다.

"어떻게 하면 돈 많은 백수가 되지요? 주변에서 돈 많은 백수를 본 적이 있나요?"

잔뜩 일그러진 제 표정과 목소리에 긴장한 아이는 말이 없습니다. 아이들은 잘못이 없어요. 다 어른들 탓입니다. 돈이 제일 중요하다고,

돈을 많이 벌 수만 있다면 그 수단과 방법이 틀려도 괜찮다고 말하는 어른들이 나빴어요. 인생에 돈보다 소중한 게 얼마나 많은데요. 아이들 곁에 있는 어른은 그걸 보여 주는 삶을 살아야 합니다.

《닐과 순다리》(미탈리 퍼킨스(김선희 옮김), 도토리숲, 2020)의 주인공 닐은 방글라데시와 인도의 경계에 위치한 '순다르반스'라는 다도해 지역에 삽니다. 아버지는 목수 일을 하며 가족을 부양하고, 어머니는 몸이 많이 아픕니다. 누나 루파는 학교를 그만두고 아픈 어머니를 대신해 집안일을 돌봐요. 그런 가족에게 닐은 희망입니다. 교장 선생님은 닐이 대단히 영리한 학생이라며, 큰 도시의 기숙학교에 다닐 수 있는 장학금 시험에 도전하라고 제안합니다. 가족은 가난했지만 닐을 향한 응원과 지지를 아끼지 않아요.

하지만 닐의 생각은 달랐습니다. 섬을 떠나고 싶지 않았어요. 닐이 바라는 것은 가족과 함께 살면서 아빠처럼 낚시하고 나무에 조각을 새기는 거였어요. 수학 공부는 너무 어렵고 싫었습니다. 도서관에서 책을 읽고 시를 지을 때는 행복했어요. 누가 시키지 않아도 공부했지요. 그래서 영어와 벵골어에는 탁월했어요. 교장 선생님의 으름장과 가족에 대한 책임감 때문에 수학 공부를 하긴 했지만 그건 진짜 공부가 아니었습니다.

오랜 시간 학교에서 아이들을 관찰한 결과, 공부를 잘하는 데 꼭 필요한 세 가지는 이겁니다. 첫째, '내적 동기'입니다. 하고자 하는 마음이 있어야 해요. 공부를 통해 이루고 싶은 목적이 분명해야 스스로 공부합니다. 둘째, '공부하는 방법'을 아는 것입니다. 공부하려는 마음이 가득해도 방법이 틀리면 효율이 떨어져요. 앉아 있는 시간에 비해 결과가 나오지 않으니 쉽게 좌절합니다. 이때는 먼저 공부해 본 교사나 선배의 구체적 안내가 필요해요. 셋째, '체력'이 있어야 해요. 내적 동기와 공부 방법은 공부가 진짜 필요한 순간에 갖추어도 되지만, 체력은 어릴 때부터 미리미리 준비해야 합니다. 닐은 첫 번째 필요조건인 내적 동기가 없었어요.

안 그래도 공부하기 싫은 닐의 집중력을 더 방해하는 사건이 벌어집니다. 순다르반스의 보호구역에서 새끼 호랑이 한 마리가 탈출해요. 섬의 불청객 굽타는 어마어마한 보상금을 걸고 새끼 호랑이를 찾습니다. 가죽과 고기를 암시장에 팔려는 속셈이지요. 닐은 굽타보다 먼저 새끼 호랑이를 찾기로 합니다. 모두가 잠든 밤, 루파와 닐은 부모님 몰래 집을 나섭니다. 위험을 무릅쓰고 집을 나선 이유는 그것이 옳은 일이었기 때문이에요. 돈보다 소중한 자연과 생명을 지키기 위해 남매는 의기투합합니다.

닐과 루파는 결국 새끼 호랑이를 찾아내는 데 성공합니다. 어릴 때부터 섬에서 친구들과 숨바꼭질을 하며 놀았던 닐은 누구보다 섬 구석구석을 잘 알았습니다. 굽타의 사람들은 모르는 곳이었어요. 새끼 호랑이를 찾는 데 무엇보다 수학의 힘이 컸습니다. 비율을 활용해 섬의 지도를 완벽하게 그릴 수 있었고, 만조 시간을 계산할 때도 수학이 꼭 필요했어요. 그렇게도 싫었던 수학이 고마워지는 순간입니다.

남매의 용기 있는 도전이 새끼 호랑이만 살린 건 아니에요. 닐에게 없었던 내적 동기, 공부하고 싶은 마음이 생깁니다. 순찰대원의 사무실에서 본 책 덕분입니다. 순다르반스의 식물과 동물에 관한 책들이 있었는데, 뭔가 이상했어요. 순다르반스를 보호하기 위한 책들의 저자가 모두 외부 사람이었거든요. 그것은 닐이 해야 할 일이었어요. 섬을 진짜 이해하고 사랑하는 사람이 섬을 지킬 수 있잖아요. 내적 동기가 생긴 닐은 직접 교장 선생님을 찾아가 수학을 가르쳐 달라고 부탁하고 악착같이 공부해서 결국 장학금 시험에 통과합니다. 닐은 교장 선생님의 바람대로 순다르반스의 미래가 됩니다.

책을 읽다 보면 낯선 용어들이 많이 나옵니다. 저는 처음에 책 제목도 입에 붙지 않아 《닐슨과 순다리》인지 《닐과 슌다리》인지 자꾸 헷갈렸어요. 주인공 이름인 '닐'은 벵골어로 '푸르다'는 뜻으로 닐의 엄마가 좋아하는 색을 따라 지어 준 거예요. '순다리'는 '아름답다'는 뜻의 나무 이름인데 순다리 나무는 가난한 닐 가족의 유일한 재산이지요. 순다리 나무가 없었다면 오두막집과 논밭을 무지막지한 폭풍우로부터 지켜 내지 못했을 거예요. 그리고 닐과 루파가 새끼 호랑이에게 지어 준 이름도 '순다리'예요.

낯선 용어와 풍경들이 독서 초반의 몰입을 다소 어렵게 합니다. 저도 경험해 보지 못한 그곳의 문화와 장면들이 머릿속에 잘 그려지지 않았어요. 그런데 바로 그 점이 이 책의 매력입니다. 책이 아니라면 벵골어를 접할 기회는 잘 오지 않으니까요. 깊은 밤, 위장 가면을 쓰고 야생 동물을 찾아 나서는 사람이 우리 주변에는 없으니까요. 한 손에 들어오는 작은 책 한 권이 우리를 새로운 세계로 데려다줍니다.

함께 읽을 만한 책으로 《바다는 눈물이 필요 없다》(하이타니 겐지로(햇살과나무꾼 옮김), 비룡소, 2003)를 추천합니다. 섬에서 나고 자란 쇼타와 도시에서 섬으로 온 가요의 이야기입니다. 세상이 변하면서 농사

짓는 일은 천대를 받게 돼요. 하지만 쇼타의 형 다케시는 농부인 아버지를 존경하고 본인도 훌륭한 농부가 되는 것을 꿈꿉니다. 타인의 기준에 흔들리지 않고 자기 삶의 터전을 지키려는 모습과 아름다운 자연이 담긴 책이에요.

우리 아이 책 읽게 만드는 북 토크

1. 부모의 마음을 전하는 대화

닐의 아버지는 항상 남매에게 호랑이를 보호하고 나무를 심으라고 가르쳤지. 그 신념대로 행동했기 때문에 마을 사람들은 아버지를 존경했고, 닐도 아버지가 교장 선생님이나 굽타보다 더 훌륭한 사람이라고 했어. 아버지가 닐의 가정교사를 구하기 위해 신념을 저버리고 굽타의 심부름을 하기까지, 그 심정이 오죽했을까. 아버지는 거친 손과 지독한 가난을 물려주고 싶지 않았던 거야. 아들만큼은 다르게 살길 바란 거지. 세상 모든 부모의 마음이란다. 엄마도 너에게 좋은 것만 주고 싶고, 네가 엄마보다 더 나은 삶을 살길 응원해.

2. 다른 나라의 문화, 환경에 관심을 갖게 하는 대화

책을 읽으면서 이 지역 특유의 문화를 느낄 수 있어서 재미있었어. 루파 누나가 입고 있던 전통 옷 '사리', 존경심을 드러내는 인도식 인사 '프라남', 보호구역과 마을을 오가는 교통수단 '나우카'까지. 코로나19의 위험이 사라지고 언젠가 마음껏 세계여행을 하게 되면 엄마는 여기부터 가 보고 싶다. 순다리 나무도 직접 보고 싶어. 그곳 사람들을 보면 숲과 호랑이를 지키려고 했던 닐을 만나는 느낌일 거야.

3. 새로운 시각으로 등장인물을 보는 대화

이 책의 반전 매력 캐릭터를 뽑으라면 단연 교장 선생님이야. 닐이 친구들과 수영도 못 하게 하고, 수학 공부를 더 열심히 하라고 다그치지. 교장 선생님이 원망스러웠던 순간은 닐의 아빠에게 모욕감을 줬을 때야. 아픈 아내를 위해 진 빚을 나쁜 습관이라며 비난했잖아. 그런데 그런 교장 선생님이 장학금을 받아 공부하고도 고향으로 돌아온 유일한 사람이라니, 진짜 반전이었어. 영어 속담을 계속 틀리게 말하는 것도 인간적이고, 닐이 장학금 시험에 통과했을 때 진심으로 기뻐하는 모습도 감격스러웠어.

《마틸다》

"그놈의 책 좀 그만 볼 수 없냐?"

    책은 위대합니다. 책이 가진 힘은 가히 마법이라 할 만하지요. 《마틸다》에서도 책은 두 가지 마법을 부립니다. 하나는 외로운 꼬마 소녀 마틸다에게 친구가 되어 준 것입니다. 부모가 단 한 번도 책을 읽어 준 적 없고, 집에 있는 책이라곤 《쉬운 요리법》뿐이지만 마틸다는 책과 사랑에 빠져요. 마틸다의 부모는 따뜻한 보살핌은커녕 폭언을 일삼았고, 가여운 마틸다에게 책은 유일한 탈출구였어요. 책을 통해 새로운 세계를 여행했고, 놀라운 사람들을 만났습니다.

    또 하나는 책을 읽음으로써 마틸다 혼자 수학과 글자를 깨우쳤다는 거예요. 마틸다는 복잡한 숫자들을 머릿속에서 번개처럼 셈할 수 있었어요. 선생님보다 빠르고 정확했지요. 친구들은 긴 문장을 읽는 것도 버거워했지만 마틸다는 시의 운율을 이해하고 즉석에서 시를 지어 낭송하기까지 했어요. 이때 마틸다는 고작 다섯 살이었습니다.

이 책은 영화와 뮤지컬로도 만들어져 전 세계 어린이들의 큰 사랑을 받았어요. 그만큼 재미있는 이야기입니다. 저도 이 책을 처음 읽었을 때 참 재미있다고 느꼈어요. 그래서 매년 학급 아이들과 이 책으로 온책읽기 활동을 하고, 독서 골든벨도 하고, 영화도 보았습니다. 아이들의 반응도 항상 좋았어요. 이 책을 시작으로 로알드 달의 다른 작품들을 차례로 소개했습니다. 《찰리와 초콜릿 공장》, 《제임스와 슈퍼 복숭아》(시공주니어, 2019), 《마녀를 잡아라》(시공주니어, 2018) 등 한 권이라도 더 본 친구들은 어김없이 로알드 달의 열성 팬이 되었습니다. 아이들이 이렇게나 좋아하는 것을 보면 로알드 달은 천재 이야기꾼이 틀림없어요.

이 책은 딸아이가 가장 사랑하는 책이기도 합니다. 어느 날 밤, 잠들기 전에 마틸다 이야기를 들려주었어요. 처음부터 끝까지 들려주고 다시 들려주어도 아이는 "또! 또 마틸다 얘기해 주세요!"라고 했습니다. 나중에 영화로 보여 주니 더 좋아했어요. 그래서 아예 책으로 사서 조금씩 읽어 주었습니다. 그게 여섯 살 봄이었어요. 출판사에서 제시한 이 책의 권장 연령은 초등학교 고학년이지만 이야기의 매력은 독자를 가리지 않았습니다. 차를 오래 탈 때, 공원에 갈 때, 캠핑을 갈 때 이 책을 챙겨 가서 마르고 닳도록 읽어 주었습니다. 딸아이는 한동안은 그림책도 거부하고 이 책만 읽어 달라고 했어요. 무엇이 이토록 아이들을 유혹하는 걸까요? 작고 여린 소녀가 지독한 어른을 상대로 통쾌한 승리를 거두는 것에 대리만족을 느끼는 걸까요?

이 책에는 지독한 어른이 셋 등장합니다. 마틸다의 아빠는 마틸다가 책 읽는 것에 넌더리가 난다며 책을 갈기갈기 찢어 버리고, 아들인 마이클만 편애합니다. 마틸다의 엄마는 어린 마틸다를 집에 혼자 두고 하루 종일 빙고 게임을 하며 저녁 식사는 즉석식품으로 대신합니다. 트런치볼 교장은 사나운 폭군이에요. 아이들을 무시하고 비난하며 집어던지거나 질식 방에 가두는 일도 서슴지 않습니다.

어른들의 명령에 복종하도록 길들여진 힘없는 소녀는 자기 나름대로 복수를 계획합니다. 아빠 모자에 초강력 접착제를 발라 두거나 아빠의 머리카락을 백금색으로 물들이기도 해요. 앵무새를 이용해 유령 소동을 일으켜 온 가족을 두렵게 만들자 한동안은 가족들이 차분하게 굴었습니다. 물론 다소 악동 같은 이런 복수극을 책을 읽는 우리 아이들이 그대로 따라 한다면 곤란하겠지요. 하지만 책 속에서만큼은 마틸다가 되어 실컷 웃을 수 있습니다.

다행히 지독한 어른만 나오는 건 아니에요. 참 괜찮은 어른도 있습니다. 바로 하니 선생님이에요. 하니 선생님은 따뜻하고 지혜롭습니다. 마틸다와의 첫 수업에서 마틸다가 천재라 생각한 하니 선생님은 어떻게든 이 조숙한 아이를 도우려 했어요. 트런치볼 교장에게 마틸다의 월반을 건의하지만 무참히 거절당해요. 부모를 찾아가 특별한 개인 지도가 필요하다고 말하지만 대화가 통하지 않습니다. 결국 하니 선생님은 마틸다를 품어 주는 유일한 어른이 됩니다. 마틸다는 하니 선생님과 단둘이 있으면 야생마처럼 활기를 띠었어요.

사실 하니 선생님은 엄청난 비밀을 간직하고 있어요. 어릴 적 보호자로부터 학대를 받았고 그 상처는 현재 진행형이었죠. 자신의 문제를 다른 사람에게 털어놓는 것은 불가능하다고 생각하며 살아왔지만, 마틸다를 만난 후 갑자기 모든 사실을 말하고 싶어집니다. 마틸다의 지능과 추리력이 어른처럼 느껴졌기 때문이에요. 또 마틸다의 지혜로움에 용기를 얻었기 때문이지요. 마틸다를 도울 방법을 꼭 찾겠다고 다짐했던 하니 선생님은 오히려 마틸다로부터 도움을 받아요. 외로웠던 두 사람은 마침내 가족이 됩니다.

마틸다의 초능력 또한 이 책의 재미 포인트입니다. 트런치불 교장 때문에 누명을 쓴 마틸다는 분노가 끓어오르면서 어떤 힘의 기운을 느껴요. 그것은 감당할 수 없는 거대한 에너지였습니다. 두 눈으로 힘이 모이더니 보이지 않는 손이 뻗어 나가 물체를 움직입니다. 동명의 영화에서는 이 부분을 확대해서 다룹니다. 마틸다의 초능력 덕분에 도롱뇽이 트런치불 교장에게 달려드는 장면을 보면 속이 시원해져요. 분필이 스스로 춤추며 칠판에 글자를 쓰는 것을 보고 트런치불 교장이 기절하는 장면은 클라이맥스입니다. 그런데 이 초능력은 결국 사라져요. 사라진 이유를 짐작하는 하니 선생님의 이야기가 참 다정하고 설득력 있어요. "우리 반에 있는 동안에 너는 할 일이 없었어. 힘들게 머리 쓸 일이 없었던 거지. 하지만 지금은 사정이 달라졌어. 너는 상급반에서 네 나이의 두 배나 되는 아이들과 경쟁을 하느라 거기에 그 에너지를 쓰는 거야."

함께 읽을 만한 책으로《내 친구 꼬마 거인》을 추천합니다. 마틸다가 무책임한 부모와 포악한 교장을 혼쭐냈다면, 이  책에서 소피가 물리쳐야 할 대상은 아이들을 잡아 먹는 거인들입니다. 스스로를 '선꼬거(선량한 꼬마 거인)'라 부르는 거인과 의기투합해 나쁜 거인들을 소탕합니다. 아이들의 목숨을 구하는 소녀 영웅 소피의 이야기가 유쾌하게 펼쳐집니다.

우리 아이 책 읽게 만드는 북 토크

1. 영화와 책을 비교하고 생각하게 하는 대화

영화와 책의 다른 점을 찾아볼까? 영화에선 마틸다가 트런치불 교장 집에 가서 초능력으로 초콜릿과 하니 선생님의 인형을 가져오는 장면이 나와. 초능력으로 텔레비전을 깨뜨리는 장면도 책에는 없어. 반면에 앵무새를 이용한 유령 소동, 마틸다가 분필 대신 시가로 복수를 연습하는 장면은 책에만 나오지.

2. 부모와 아이 사이의 벽을 허무는 대화

마틸다의 부모와 트런치불 교장이 마틸다나 그 친구들에게 쏟아 놓은 폭언을 모아 볼까? 멍청이, 무식한 땅딸보, 사기꾼, 거짓말쟁이, 골칫거리들, 지긋지긋한 문제아, 불쾌하고 더러운 것들, 깡패, 꼬마 날강도, 생쥐, 머저리, 여드름, 고름이 든 뾰루지, 악취 나는 부스럼 딱지, 구역질 나는 범법자, 암흑가의 양아치, 마피아의 똘마니, 날도둑, 소도둑놈…… 사실 엄마는 이 부분을 너에게 소리 내어 읽어 줄 때 속으로 '이걸 읽어 줘도 될까? 너에게 나쁜 영향을 끼치진 않을까?' 하고 잠깐 고민했단다. 그러다 나중에 깨달았지. 가끔 엄마가 너에게 이보다 더 심한 폭언을 한다는 사실을 말이야. 네가 옷을 고르고 있을 때 "그냥 아무거나 좀 입어!"라고 하고, 네가 얘기하느라 식사시간이 길어질 때 "그만 좀 떠들고 밥부터 먹어!"라고 말한 거 미안해. 엄마가 진심으로 사과할게.

3. 가족에 대해 생각하게 하는 대화

마지막 장면에서 마틸다는 부모님과 오빠를 따라가지 않고 하니 선생님과 남는 것을 선택하잖아. 더없이 적극적인 선택이었어. 부모가 먼저 "너 누구랑 살래?" 하고 물어본 게 아니라, 정신없이 도망치는 부모를 향해 "함께 가고 싶지 않아요! 하니 선생님과 여기서 살고 싶어요!"라고 외쳤으니까. 나를 낳아 주었지만 돈밖에 모르는 친부모와 만난 지 얼마 되지 않았지만 나를 이해하고 존중해 주는 선생님. 우리가 마틸다였다면 어떤 선택을 했을까? 마틸다는 망설임 없이 선생님을 선택했지만 이게 현실 세계라면 쉽지 않았을 것 같아. 자식과 부모가 서로에게 큰 상처를 주면서도 가족이라는 이름 때문에 참고 견디며 사는 경우도 많잖아.

《구덩이》

"저는 탈출하지 않을 거예요."

《구덩이》는 기괴한 책입니다. 표지부터 기괴했는데, 내용은 더 기괴한 책이에요. 우리 주변에서 절대 일어날 것 같지 않은 이야기입니다. 이 책은 1999년에 뉴베리상을 받았고, 2003년에 디즈니에서 영화로 제작되었습니다. 작품성과 재미를 모두 갖춘 책이에요.

'초록 호수 캠프'는 못된 아이들을 위한 캠프입니다. 못된 아이들을 데려다가 매일 뙤약볕 아래서 구덩이를 파게 하면 착한 아이들이 될 거래요. 주인공 스탠리는 못된 아이가 아니었어요. 그런데 단지 잘못된 시간에 잘못된 장소에 있었다는 이유로 도둑질했다는 누명을 쓰고 체포되어 유죄 판결을 받았습니다. 한마디로 운이 없었던 거예요. 느닷없이 하늘에서 운동화 한 켤레가 떨어졌는데 하필이면 그 운동화가 유명 야구 선수의 것이었어요. 그 운동화는 경매에 올라 엄청난 값어치가 매겨질 예정이었지요. 판사는 스탠리에게 감옥에 갈지 초록 호수 캠프에 갈지 물었고, 스탠리는 캠프를 선택했어요. 집이 가난해서 캠프라고는 한 번도 가본 적 없었거든요.

스탠리가 캠프에 도착해 처음 만난 사람은 미스터 선생님이에요. 선생님은 하루에 하나씩 구덩이를 파야 한다고 합니다. 주말 같은 건 없대요. 구덩이를 다 파면, 그 이후는 자유 시간이라고 합니다. 만약 구덩이를 파다가 뭐든지 신기한 물건을 발견하면 보고하라고 하네요. 말로는 인격 수양을 위해 구덩이를 판다고 하는데 뭔가를 찾는 중인 것 같아요. 대체 그게 뭘까요?

감시탑도 없고 전기 철조망도 없지만 지금껏 초록 호수 캠프를 탈출한 사람은 한 명도 없답니다. 근방 150킬로미터 안에 물이 있는 곳은 여기밖에 없기 때문이래요. 상식적으로 생각했을 때 명백한 강제 노동이고 아동 학대입니다. 그런데 이 캠프에 있는 사람들 누구도 이상한 걸 이상하다고 말하지 않아요. 너무나 자연스러워 읽는 사람까지 금방 끌어당기고, 그래서 더 무서운 이야기입니다.

스탠리는 D조에 배정되어 '제로'라고 불리는 친구를 만납니다. 제로는 D조에서 체구가 가장 작은 아이였지만 구덩이 파는 일은 제일 먼저 끝냈어요. 제로는 언제나 화난 표정이었고 말이 없었죠. 어느 날 제로가 스탠리에게 글자 읽는 법을 가르쳐 달라고 합니다. 대신 스탠리의 구덩이를 얼마간 파 준대요. 나쁘지 않은 거래였어요. 둘의 거래가 발각되던 날, 제로는 구덩이 파는 일이 지긋지긋하다는 말을 남기고 캠프를 탈출합니다. 캠프 소장은 물 때문에 다시 돌아올 거라 확신하지만 며칠이 지나도 제로는 나타나지 않아요. 스탠리는 제로를 찾아 나섭니다. 과연 스탠리가 제로를 만날 수 있을지, 만난다면 둘은 살아남을 수 있을지 궁금하지 않나요?

어떤 아이라도 이 책을 읽기 시작하면 "엄마, 조금만 더, 조금만 더 읽고요."라며 끝까지 손을 떼지 못할 거예요. "하~ 어떡해~" 하는 옅은 신음을 내뱉으면서 말입니다. 3월에 6학년 아이들을 처음 만난 날, 아이들에게 책 읽기 싫은 이유를 물었습니다. 가장 많이 나온 대답이 '재미없어서', '다른 재미있는 게 더 많아서'입니다. 아이들은 어떤 활동에서든 재미부터 추구합니다. 《구덩이》는 책은 재미없다는 오해를 산산이 부숴 줄 책입니다. 현실 세계에서는 듣도 보도 못한 사건이라 재미있어요. 도대체 뒷부분이 어떻게 될지 몰라 재미있습니다.

이 책을 보면 스탠리의 기막힌 성장에 마음이 훈훈해집니다. 스탠리는 원래 몸도 마음도 약한 아이였어요. 뚱뚱해서 학교 아이들에게 뚱보라고 놀림을 받았습니다. 자기보다 훨씬 몸집이 작은 아이에게 괴롭힘을 당하면서도 이렇다 할 반격을 하지 못했습니다. 스탠리는 자신의 인생은 불운하고 비참하다고 생각했어요. 학교생활은 불행했고 친구도 없었어요. 아무도 스탠리를 좋아하지 않았고 심지어 스탠리 자신도 스스로를 좋아하지 않았습니다.

그런데 캠프에서 많은 것이 달라졌어요. 살이 빠졌고 근육은 단단해졌으며 힘이 더 세졌어요. 친구를 구하러 나설 만큼 가슴이 뜨거워졌고 아픈 친구를 끝까지 지켜 낼 만큼 강인해졌습니다. 최악의 상황에서도 희망을 버리지 않고 문제를 해결하려는 의지가 생겼어요. 무엇보다 자기 자신을 좋아하게 되었습니다. 이 책을 읽는 어린이들이 스탠리의 모험과 성장에 홀딱 반해 스탠리처럼 스스로를 귀하게 여기면 좋겠어요.

제로의 변화도 눈여겨볼 만합니다. 본명은 '헥터 제로니'지만 아이들은 제로니의 머릿속이 텅 비었다며 제로라는 별명을 붙였어요. 제로는 가족이 없었고 생활 보호 대상자였으며 체포될 당시 거리의 부랑아였습니다. 캠프의 상담 선생님이 제로에게 무얼 하며 살고 싶은지 물었을 때, 제로는 구덩이 파는 거라고 대답했습니다. 그랬던 제로가 캠프를 탈출했어요. 지금껏 아무도 시도하지 못했던 탈출입니다. 선생님들은 제로가 '아무것도 아닌 애'라고 했지만 제로는 결코 아무것도 아닌 애가 아니었어요.

이 책은 재미있지만 쉬운 책은 아닙니다. 다소 높은 수준의 독해력이 필요한 책이에요. 과거와 현재를 오가며 이야기하기 때문이지요. 현재는 스탠리의 캠프 이야기가 중심이고 과거에는 스탠리의 고조

할아버지가 등장합니다. 무려 5대에 걸친 이야기에요. 과거의 사건과 인물이 현재의 그것과 촘촘히 연결되어 있는데 대충 읽어서는 이해하기 힘들어요. 저도 이 책을 처음 읽을 때는 머리가 복잡했어요. 그래서 빈 종이에 인물관계도를 그리면서 읽었습니다. 그러다 무릎을 탁 치는 순간이 왔어요. 이게 이렇게 연결되다니! 작가가 혹시 천재가 아닐까 생각했습니다. 시간이 지난 뒤 책을 한 번 더 읽었는데 결말을 뻔히 아는데도 또 재미있었어요. 그만큼 잘 짜인 이야기입니다.

함께 읽을 만한 책으로 《손도끼》를 추천합니다. '생존'이라는 키워드가 이 책을 관통해요. 열세 살 브라이언은 경비행기를 타고 아빠를 만나러 캐나다로 가던 중 추락 사고를 당합니다. 스탠리와 제로에게 양파가 있었다면 브라이언에게는 거북 알이 있습니다. 무인도에서 손도끼 하나로 생존하는 방법, 다양한 위기 상황을 극복하는 이야기가 흥미진진하게 펼쳐져요. 한 번 읽기 시작하면 손을 뗄 수 없다는 것도 이 책과 닮았습니다.

우리 아이 책 읽게 만드는 북 토크

1. 책을 읽고 표지의 의미를 되새겨 보는 대화

엄마는 이 책을 읽으면서 앞표지와 뒤표지 그림의 의미를 하나씩 알아 가는 게 정말 재미있었어. 책을 읽기 전에는 도무지 무슨 그림인지 알 수 없었는데 읽다 보니 비밀이 풀리듯 하나씩 알게 되었지. 앞표지에는 해바라기 씨가 가득 든 자루, 삽, 짙은 빨간색 매니큐어가 칠해진 캠프 소장의 손톱, 노랑 반점 도마뱀, 엄지손가락 산, 양파, 그리고 스탠리와 제로가 있네. 뒤표지에는 KB라고 새겨진 립스틱 뚜껑, 양파 장수 샘의 배와 당나귀가 있어.

2. 책 내용과 사회 문제를 연결해 보는 대화

이 책에는 인종차별 이야기가 나와. 110년 전, 캐서린 선생님과 샘은 순수한 사랑을 나누지만 샘이 흑인이라는 이유로 비극적인 상황이 벌어지지. 마을 사람들은 캐서린의 학교로 떼 지어 몰려와 학교를 부쉈어. 110년이 흐른 뒤에는 인종차별이 완전히 사라졌을까? 제로가 스탠리의 구덩이를 대신 파 주는 것을 보고 친구들은 "노예가 생겨서 좋겠다."라며 비아냥거리지. 백인은 빈둥빈둥 앉아 있고 일은 흑인이 다 한다며 말이야.

3. 친구 관계에서의 소속감을 생각해 보는 대화

초록 호수 캠프 아이들은 모두 별명이 있었어. 엑스레이, 겨드랑이, 오징어, 지그재그, 자석, 제로, 원시인, 멀미 봉투, 덜덜이. 스탠리는 처음에 아이들이 왜 그렇게 기를 쓰고 별명을 고집하는지 이해할 수 없었어. 별명 대신 본명을 부르면 화를 내기까지 했거든. 왜 그랬을까? 죄를 짓고 소년원에 온 처지라 다들 자신의 존재를 부정하고 싶었던 걸까? 같은 조 아이들이 스탠리에게 '원시인'이라는 별명을 지어 주자 스탠리는 묘한 안도감, 소속감 같은 걸 느껴.

《사자왕 형제의 모험》

"낭기열라? 그게 어딘데?"

 이 책을 읽는 내내 탄식했어요. 책을 다 읽고 마지막 장을 덮은 다음에도 한동안 같은 자리에 같은 자세로 앉아 아무것도 할 수 없었습니다. '내가 어렸을 때 이 책을 만났더라면 어땠을까?' 하는 생각에서였어요. 말로 표현할 수 없을 정도로 슬프고 아름다운 이야기였어요. 조마조마 마음 졸였다가 가슴 쓸어내리며 안도하기를 반복하다 보니 어느새 책이 끝나 버렸습니다. 시집도 아닌데 가슴이 촉촉이 젖어 드는 느낌이었어요. 지금이라도 이 책을 만났으니 얼마나 다행인지 몰라요. 제가 만나는 모든 어린이에게 이 촉촉함을 선물하고 싶습니다.

 태어날 때부터 몸이 약했던 칼은 언제나 기침에 시달리며 앓았고 학교도 가지 못했어요. 죽음을 두려워하는 칼에게 형 요나탄은 죽으면 사라지는 게 아니라 '낭기열라'라는 머나먼 별나라로 가게 된다고 알려 줍니다. 낭기열라에서는 모든 사람이 행복하고 온통 신나고 재미있는 일들로 가득 차 있대요. 저는 요나탄이 겁먹은 동생을 위로하느라 지어낸 이야기인 줄 알았어요. 그런데 형제는 정말로 '낭기열라'로 갑니다. 그곳에서 목숨을 건 엄청난 모험이 펼쳐져요. '모험'이라는 낱말이 이토록 가슴 뛰는 것인지 이 책을 읽기 전에는 미처 몰랐어요.

형제의 모험을 작가가 관찰하듯 서술하지 않고, 칼의 목소리로 이야기하듯 들려줘서 더 생생합니다. 죽음에 대한 두려움, 낭기열라에서 형을 다시 만났을 때의 가슴 벅참, 자신의 실수로 형의 정체가 들통날지도 모른다는 불안감, 겁 많던 소년에서 진짜 용기 있는 사람으로 변해 가는 뿌듯함……. 저는 칼과 함께 동굴에 숨고, 말을 타고 달리고, 땅굴을 기어가며 칼의 모든 감정을 함께 했어요.

형제는 참 많이 다릅니다. 형 요나탄은 모든 면에서 남보다 두드러지게 뛰어나요. 지구에서는 얼굴도 잘생기고 공부도 잘하며 친절해서 모든 사람에게 인기가 좋습니다. 요나탄은 낭기열라에서 사람들에게 자유를 되찾아 주기 위해 독재자 텡일과 맞서 싸워요. 용기 있고 힘세며 겸손하기까지 합니다. 반면 동생 칼은 겁이 많습니다. 당연해요. 몸이 아파 하루 종일 방에 갇혀 지냈으니 어떤 일에도 쉽사리 용기가 나지 않습니다. 이렇게나 다른 두 형제의 서로에 대한 믿음과 사랑은 맹목적이에요. 동생은 형이 없는 세상을 상상할 수 없고, 형은 동생을 위해 무엇이든 할 준비가 되어 있어요.

저는 언니가 둘 있어요. 하루에도 몇 번씩 언니들과 메시지를 주고받습니다. 학교에서 힘들었던 일, 남편 때문에 화났던 일 모두 언니들에게 털어놓고 위로받아요. 지금도 가끔 언니들 글씨를 보면 코끝이 시큰해집니다. 언니들한테 손편지를 많이 받아서 그래요. 초등학교 6학년 방학 때 집에서 하루 종일 혼자 심심할 저를 위해 큰언니는 매일 편지를 써 두고 학교에 갔어요. 어떤 날은 신문을 오려 만든 콜라주였고, 어떤 날은 편지지를 돌돌 말아 리본을 묶은 편지였어요. 고3이라 자기 공부하기도 바빴을 텐데 어떻게 그렇게 저에게 정성을 쏟았을까요. 눈만 뜨면 책상에 코를 박던 임용시험 준비 시절에는 책상 여기저기에 작은언니의 편지가 붙어 있었어요. 그 편지들에 기대어 어린 시절의 외로움을 달랬고, 취준생의 두려움을 이겨 냈어요. 언니들 글씨를 보면 그 시간이 떠오르고 가슴 한편이 찌릿찌릿합니다.

지금은 친구처럼 지내지만 어릴 적 제게 언니들은 엄마고 아빠였어요. 언니들과 그 시절을 함께 이야기할 수 있어서 정말 좋아요. 형제가 있으면 얼마나 좋은지 알기 때문에 딸아이에게도 꼭 동생을 만들어 주고 싶었어요. 그런데 하나를 키우는 것도 정말 버겁더라고요. 자식을 낳아 키워 보니 둘 낳고, 셋 낳은 부모들이 정말 위대해 보입니다. 힘든데도 둘, 셋을 낳아 키우는 이유는 내 아이가 외롭지 않았으면 해서, 영원히 자기편인 사람을 만들어 주고 싶어서잖아요.

그런데 학교에서 아이들의 이야기를 들어 보면 안타까울 때가 많아요. 하루도 빠짐없이 언니랑 싸운다는 아이, 동생이 없었으면 좋겠다는 아이, 형제자매 때문에 스트레스받는 아이들이 많습니다. 이미 관계가 힘들어진 아이들에게 우애가 중요하다고 얘기해 봐야 소용없어요. 하지만 이 책을 읽으면 칼과 요나탄의 지극한 우애에 마음을 빼앗깁니다. 닮고 싶어지지요.

형은 분명 낭기열라가 아름답고 행복한 곳이라고 했어요. 실제로 칼이 낭기열라에 도착하자 기침이 거짓말처럼 사라지고 절름거리던 다리가 멀쩡해져 수영도 하고 말도 탈 수 있게 됩니다. 그런데 사람들이 슬프고 불안해 보여요. 바로 독재자 텡일 때문입니다. 텡일은 괴물 카틀라를 앞세워 사람들의 자유를 억압하고 재산과 목숨을 함부로 앗아 갔어요. 형이 텡일과 싸우기로 하자 형이 떠나는 게 두려웠던 칼은 형을 다그칩니다. 대체 무엇 때문에 그렇게 위험한 일을 하느냐고요. 자기랑 같이 숨어서 편안히 살면 안 되냐고 물어요. 이때 형의 대답이 기막힙니다. '사람답게 살고 싶어서' 그런답니다. 그렇지 않으면 쓰레기와 다를 게 없다고요. 6학년 사회 교과서에서 만나는 김주열, 이한열이 떠오릅니다. 그들의 마음도 형 요나탄과 같지 않았을까요?

형을 다그치던 동생도 변했습니다. 가만히 앉아서 기다리지 않고 형을 찾아 나섭니다. 형처럼 떳떳해지기로 마음먹으니 없던 용기가 생깁니다. 적을 속이기 위한 거짓말도 술술 하고, 반역자 앞에서 두려움 없이 소리치기도 합니다. 모든 면에서 탁월한 형이지만 동생의 지혜와 기지 덕분에 위험한 고비를 몇 차례씩 넘기기도 했어요. 반역자의 정체를 밝혀 낸 것도, 마지막에 형의 고통을 끝내 준 것도 동생 칼이었습니다.

함께 읽을 만한 책으로《영모가 사라졌다》(공지희, 비룡소, 2003)를 추천합니다. 아버지의 폭력으로 괴로워하던 친구 영모가 어느 날 갑자기 사라져요. 영모를 찾아 헤매던 병구는 고양이에게 이끌려 담 너머의 세계로 갑니다. 그곳은 아픔도 슬픔도 없는 '라온제나'라는 환상의 세계예요. 우리가 사는 현실과는 전혀 다른 세계, 어디까지 상상할 수 있을까요?

우리 아이 책 읽게 만드는 북 토크

1. 사람의 진면목을 생각하게 하는 대화

이 책에는 여러 유형의 지도자가 나와. 겉모습은 수수하고 상냥하지만 내면은 누구보다 굳센 소피아 아주머니, 눈빛만으로 상대를 두려움에 떨게 하는 오르바르, 지혜롭고 따뜻한 마티아스 할아버지, 그리고 사람들을 노예처럼 다스리는 독재자 텡일까지. 물론 이야기 속 지도자는 선과 악이 분명히 나뉘지만, 현실에서는 조금 더 복잡한 문제야. 선한 줄 알고 뽑았는데 알고 보니 나쁜 지도자일 수 있어. 달콤한 거짓말로 사람들의 눈과 귀를 막은 거지. 원래는 선한 사람인데 지도자의 자리에 오르고 나서 나쁘게 변할 수도 있고.

2. 책의 내용을 되짚어 보고 자기 생각을 말해 보는 대화

요나탄이 낭기열라의 자유를 되찾기 위해 했던 가장 중요한 임무는 카틀라 동굴에 갇힌 오르바르를 탈출시키는 거였어. 요나탄은 사람을 죽이지 못하기 때문에 전쟁을 지휘할 수 없었거든. 요나탄은 인간에 대한 연민이 깊은 사람이었어. 동굴에 갇혀 형편없이 여윈 오르바르를 보며 눈물을 흘렸고, 지독한 텡일의 부하라 해도 물에 빠지면 일단 구해 줬지. 엄마는 이런 사람이 지도자가 되어야 한다고 생각해.

3. 교우 관계에 대해 생각해 보는 대화

작가는 독재자 텡일의 부하들을 매우 어리석게 표현하고 있어. 검정 투구와 창으로 무장하고 사람들을 괴롭히지만 당당하게 대하면 오히려 내빼고 말지. 왜 그런 걸까? 다른 사람의 힘을 빌려 남을 괴롭히는 사람들은 그게 습관인 거야. 이유도 없고 목적도 없으니 기세등등하게 맞서면 오히려 말문이 막혀 버리지. 학교에서도 마찬가지야. 우르르 몰려다니면서 이유 없이 친구를 괴롭히는 사람을 겁낼 필요 없어. 몰려다녀야만 힘이 있다고 느끼고, 남을 거칠게 대해야만 이긴다고 생각하는 사람일수록 사실은 겁쟁이거든.

에필로그

'지안아……'

입 속으로 가만히 딸아이의 이름을 불러 봅니다. 이름을 부르며 안아 보고 싶어 애태웠던 날들이 있었어요. 1.83킬로그램으로 정말 작게 태어났거든요. 아이를 지킬 수만 있다면, 다른 건강한 아이만큼 키울 수만 있다면 무슨 짓이든 다 하겠다 생각했습니다. 젖을 빨 기운도 모자랄 만큼 작았던 아이가 콩나물처럼 쑥쑥 자라 내년이면 초등학교에 입학합니다. 절절했던 마음은 어디로 사라진 건지 요즘 딸아이와 저는 매일 온탕과 냉탕을 오갑니다.

'저러다 학교 가서 미움받으면 어떡하지?', '저러다 학교 가서 적응 못 하면 어떡하지?' 사랑은 어느새 지나친 걱정으로 바뀌어 아이의 행동을 제지하고 욕구가 충족되지 못한 아이는 짜증을 냅니다. 이런 우리가 행복하고 평화로운 시간이 있어요. 바로 잠들기 전 함께 책을 읽고 이야기를 나누는 시간입니다. 고집불통 일곱 살과 걱정쟁이 엄마를 책이 연결해 주고 다독여 줍니다. 감정이 널뛰는 열세 살 아이와 자식 눈치 보기 바쁜 엄마도 책이 연결해 주리라 믿어요. 이런 마음으로 책을 썼습니다. 그러니 이 책은 미래의 딸에게 보내는 엄마의 곡진한 사랑의 편지입니다.

삶에 대한 태도를 바꾸어 준 사랑하는 딸과 그 딸을 함께 낳고 키우며 진짜 친구가 되어 가고 있는 이수호 씨, 고맙습니다. 한없이 부족한 며느리에게 늘 기특하다 말씀해 주시는 시부모님, 존경합니다. 자라는 동안 아빠 역할, 엄마 역할, 친구 역할까지 다 해 준 사랑하는 언니들, 함께라서 항상 고마워. 소중한 나의 조카 서윤, 대의, 윤환!(우리 언니들 속 썩이지 마라!) 그리고 마흔이 된 딸을 아직도 아이처럼 걱정하시는 나의 엄마(엄마, 나는 잘 지내요. 이렇게 작가의 꿈도 이루었는걸요. 별일 없이 잘 살아 내고 있으니 엄마는 건강하기만 하셔요), 좋은 어린이 책을 나눠주신 김정숙 선생님, 조심스레 초고를 내밀었을 때 환호하며 박수 쳐 주신 유지은 선생님, 궁금했다 고생했다 격려해 주신 최병용 선생님, 진심으로 감사드립니다.

내 글이 과연 책이 될까 걱정하고 있을 때 가장 먼저 전화를 걸어주신 장선희 대표님과 편집하는 내내 다정하게 응원해 주신 정시아 편집자님, 감사드립니다.

이 책은 저 혼자 쓰지 않았어요. 처음부터 끝까지 어린이들과 함께 썼습니다. 넘치는 사랑으로 선생님을 들뜨게 만들어 주는 2021년 효성초등학교 6학년 '피자반' 어린이들. 제현이, 광욱이, 권율이, 민제, 세훈이, 지훈이, 충민이, 승현이, 유빈이, 주원이, 민서, 용준이, 재민이, 석근이, 예린이, 나경이, 나연이, 은성이, 유정이, 채은이, 성윤이, 아름이, 소민이, 보은이 사랑합니다. 부끄럽지만 용기 내어 꿈을 밝혔을 때 진심으로 응원해 주고, 처음 출판사로부터 전화를 받았을 때 옆의 옆 교실까지 다 들릴 만큼 크게 환호해 준 아이들입니다.

"선생님! 책에 제 이름 꼭 넣어 주세요!", "선생님! 선생님 책 나오면 사인해 주세요!", "선생님! 선생님 책 스물네 권 사서 우리 그걸로 온책읽기해요!" 아이들의 응원 덕분에 지치지 않고 끝까지 마무리할 수 있었습니다. 혼자 읽었더라면 이만큼 신나지 않았을 거예요. 호기심 가득한 눈으로 제 책장 앞을 서성이고, 함께 읽어 주고, 예쁜 말을 건네 준 어린이들이 있어서 행복합니다. 어린이들로 인하여 제 꿈은 나날이 새로워지고 있어요.

바른 교육 시리즈 ⑲
책 싫어하는 고학년의 문해력·독해력·독서 감상문 잡는 기술

초6의 독서는 달라야 합니다

초판 1쇄 발행 2021년 11월 1일
초판 2쇄 발행 2023년 6월 12일

지은이 전영신

대표 장선희 **총괄** 이영철
책임편집 정시아 **기획편집** 현미나, 한이슬
디자인 김효숙, 최아영 **외주디자인** 별을 잡는 그물
마케팅 최의범, 임지윤, 김현진, 이동희
경영관리 이지현

펴낸곳 서사원 **출판등록** 제2021-000194호
주소 서울시 영등포구 당산로 54길 11 상가 301호
전화 02-898-8778 **팩스** 02-6008-1673
이메일 cr@seosawon.com
네이버 포스트 post.naver.com/seosawon
페이스북 www.facebook.com/seosawon
인스타그램 www.instagram.com/seosawon

ⓒ 전영신, 2021

ISBN 979-11-6822-003-4 03370

서사원은 독자 여러분의 책에 관한 아이디어와 원고 투고를 설레는 마음으로 기다리고 있습니다.
책으로 엮기를 원하는 아이디어가 있는 분은 이메일 cr@seosawon.com으로 간단한 개요와 취지,
연락처 등을 보내주세요. 고민을 멈추고 실행해 보세요. 꿈이 이루어집니다.